高校教育管理创新与实践研究

陈　燕◎著

文化发展出版社
Cultural Development Press
·北京·

图书在版编目（CIP）数据

高校教育管理创新与实践研究 / 陈燕著 . — 北京 ：文化发展出版社，2023.12
ISBN 978-7-5142-4220-1

Ⅰ . ①高… Ⅱ . ①陈… Ⅲ . ①高等教育 – 教育管理 – 研究 – 中国 Ⅳ . ① G649.2

中国国家版本馆 CIP 数据核字 (2024) 第 016239 号

高校教育管理创新与实践研究

陈　燕　著

出 版 人：宋　娜
责任编辑：任秀颖　　　　责任校对：岳智勇
责任印制：邓辉明　　　　封面设计：守正文化
出版发行：文化发展出版社（北京市翠微路 2 号 邮编：100036）
网　　址：www.wenhuafazhan.com
经　　销：全国新华书店
印　　刷：天津和萱印刷有限公司

开　　本：710mm × 1000mm　1/16
字　　数：150 千字
印　　张：9.25
版　　次：2024 年 5 月第 1 版
印　　次：2024 年 5 月第 1 次印刷

定　　价：72.00 元
I S B N：978-7-5142-4220-1

◆ 如有印装质量问题，请电话联系：010-58484999

前　　言

进入 21 世纪以来，随着改革的日益深入和经济社会的不断发展，我国高等教育的宏观背景和微观环境已发生了重大变化，培养具有创新精神和实践能力的人才已成为社会对高等教育的要求。教育管理作为高校管理体系中的一个重要环节，对于提升人才的培养质量，促进国家及社会的持续进步与发展具有积极的影响。高校教育管理的首要任务是推动教育全面、持续发展，不断引领前行。面对新的社会发展背景，高校教育管理须增加新的人才储备和强化内容构建，并适时注入创新元素，以彰显自身的活力。

就目前的情况来看，我国正处于社会主义初级阶段，社会生活的方方面面正处于发展时期，距离社会主义现代化阶段还存在一定距离。同时，改革开放的进程不断深化，社会发展需求十分强烈。高校学生是未来建设社会主义现代化强国的主力军和新鲜血液，因此高校教育对于社会的发展、国家的富强、民族的振兴具有十分重要的意义。高校教育关系到社会发展的质量与效率，因此必须紧跟时代的步伐，抓紧社会发展的轨迹，以社会发展的需要作为高校教育的内容与方向。另外，在高校教育管理工作过程中，还要不断丰富教育理论和知识结构，并壮大师资队伍，完善现有的师资体系，从而满足高校教育管理工作的需求。

本书共六章。第一章为高校教育管理概述，主要介绍了高校教育管理相关概念、教育管理的理论源流、高校教育管理体制。第二章为高校课程管理的实践创新，主要介绍了高校课程管理的概念、高校课程管理现状分析、高校课程管理的原则与意义、高校课程管理的创新发展策略。第三章为高校学生管理的实践创新，主要有高校学生管理的概念、高校学生管理现状分析、高校学生管理的改进对策、高校学生管理的创新模式。第四章为高校教师管理的实践创新，主要介绍了高校教师管理的概念、高校教师管理现状分析、高校教师管理的创新探索。第五章为高校教学质量管理的实践创新，主要有高校教学质量管理的概念、高校教学质量管理体系的构建、高校教学质量管理的创新措施。第六章为高校行政管理的实践创新，主要论述了高校行政管理的概念、高校行政管理现状分析、高校行政管理的改革创新。

在撰写本书的过程中，笔者参考了大量的学术文献，得到了许多专家、学者的帮助，在此表示感谢。由于笔者水平有限，书中难免存在疏漏之处，希望广大同行及时指正。

陈燕

2023 年 6 月

目　录

第一章　高校教育管理概述

管理与教育管理在教育管理学的概念体系中是第一层次的概念，对整个学科起着统领、架构的作用，它们也是本书最为重要的概念。准确表述相关概念是人们交流教育管理问题的基础。本章为高校教育管理概述，主要介绍了高校教育管理相关概念、教育管理的理论源流、高校教育管理体制。

第一节　高校教育管理相关概念

一、管理及管理行为特点

教育管理的产生与发展离不开一般管理，对教育管理的理解不能脱离一般管理，只有对一般管理概念有了正确的认识，才能对教育管理有进一步的透彻理解。

（一）什么是管理

在管理学领域中，由于各学派强调各自的基本点和理论体系的差别，因而对管理这一基本概念的理解也就各异，出现了众说纷纭的局面。

古典管理理论的代表人物、法国管理学家亨利·法约尔（Henri Fayol）认为：“管理，就是实行计划、组织、指挥、协调和控制。”[①] 决策理论学派的代表人物赫伯特·A. 西蒙（Herbert A. Simon）提出“管理就是决策”的观点，他认为“将决策一词从广义上予以理解，它和管理一词同义”“管理过

① 法约尔. 工业管理与一般管理[M]. 张扬，译. 北京：北京理工大学出版社，2014.

程就是决策过程”。[①]哈罗德·孔茨（Harold Koontz）、马克·V. 坎尼斯（Mark V. Cannice）和海因茨·韦里克（Heinz Weihrich）认为，管理是设计并保持一种良好环境，使人们在群体状态下高效地完成既定目标的过程。[②]

还有一些学者认为，管理是社会组织中处于主导和支配位置的人员通过组织、计划、协调、控制等方式，有效地配置和利用各种资源（包括人力资源），以实现组织目标的活动过程。管理，是一种动态、创造性的行为，旨在对组织内部的资源进行有效整合，以实现既定的目标和责任。这个过程通过有效地规划、组织、指导和控制将人们的工作整合在一起，以提高效率，从而实现组织的目标。管理就是要既有效率又有效益地对组织目标所需要的人力资源或其他资源进行计划、组织、领导和控制。管理是确定如何更好地使用一个组织的资源去生产产品或提供服务的过程。不同学派的学者对管理从不同角度的解释，为我们正确理解管理的概念提供了一定的参考。如果我们从广泛而丰富的管理活动中抽取出最一般的本质属性，可以给管理进行这样的界定：管理是在遵循科学原理和应用有效方法的基础上，根据组织的计划目标持续协调物力、财力、人力等资源，从而实现预定目标的过程。

（二）管理行为的特点

这里主要阐述管理行为的四个特点：管理是一种理性行为，管理是进行合理组合，管理是进行整体优化，管理是求得组织与环境的平衡。

1. 管理是一种理性行为

管理虽然是由具有丰富感情的人来从事，有感性的一面，但是管理毕竟是一种理性行为，这种行为表现在以下方面。

（1）管理是实现组织目标的行为

管理是一种有目的的行为，它区别于无目的的休闲活动和各有打算的自由活动。管理是去完成预定目标的活动，即管理要围绕着某一个共同目标——

① 西蒙. 管理行为 [M]. 詹正茂，译. 北京：机械工业出版社，2013.

② 韦里克，坎尼斯，孔茨. 管理学：全球化、创新与创业视角 [M]. 14 版. 马春光，译. 北京：经济科学出版社，2015.

组织目标进行活动，管理的结果是要实现这个目标。没有目标就没有管理，管理是向目标逐步接近的过程。我们可以从管理的定义中了解管理的目标性行为。管理是指通过制订计划、组织人力和物力资源，以领导和控制的方式，以最有效益和高效率的方式实现组织既定目标的过程。①

（2）管理是按照标准做事的行为

管理是主体对客体不断施加影响的活动，这种活动不能随心所欲地进行，必须按照一定的科学原理和方法，否则管理活动将不会成功。

对管理行为的评价要有一定的标准。管理要做的事情之一就是进行控制，控制的前提是对管理行为进行评价，即对人力、财力、物力等资源的协调情况、对实现目标的情况、对从事管理活动的方法等进行评价，通过评价判断人们的行为是否偏离组织目标，然后再采取缩减偏离目标的行动。这样的评价不能只将某个人的判断作为定论，要有一定的客观标准。

2. 管理是进行合理组合

管理不是自己去生产或制造什么，而是把人、财、物等因素组合起来，使这些因素发挥各自的功能，从而达到生产或制造产品等目的。管理强调管理者“通过安排他人完成工作任务实现组织目标，而无须事必躬亲”②。一切社会性劳动，从简单的协作到社会化大生产，都表现为人、财、物等因素之间的结合。例如，工人与机器、加工对象等因素相结合生产各种产品；农民与生产工具、土地等因素相结合种植粮食；教师与学生、教学内容、教学手段等相结合培养人才。管理就是对人、财、物等因素进行组合工作。这些因素在缺乏管理的情况下只是可能的工作因素，而不能真正构成工作过程。

管理者所做的这种组合工作并不是把人、财、物等因素进行简单的堆积，而是进行合理组合，即对管理中的各个要素进行合理的搭配，使各要素处于最佳位置，减少不必要的劳动，挖掘各要素的潜力，使其发挥最大能量，减少人员之间的摩擦及内耗现象，从而提升系统性能。

---

① 达夫特，马西克. 管理学原理[M]. 10版. 高增安，张璐，马永红，译注. 北京：机械工业出版社，2018.

② 傅树京. 管理概论[M]. 北京：中央广播电视大学出版社，2011.

3. 管理是进行整体优化

整体优化是指管理工作要围绕整体目标提高整体功能，使整体功能大于各个部分功能之和。整体是系统的基本属性。系统理论认为，任何系统的整体功能等于各部分功能之和加上各部分相互联系所产生的功能。一个完整的系统拥有其各个组成部分所缺失的功能，而整体的效能与各组成部分之和并不等同。这个原理最初是由古希腊伟大的哲学家和思想家亚里士多德（Aristotle）提出的，即“整体大于它的各个部分的和”[①]。例如，一所学校的整体功能不仅仅是教务处、总务处等部门的功能之和，除了这些部门的功能之和，还要加上这些部门相互联系所产生的联合功能。只有当学校的管理秩序井然有序，并且各项功能协同合作达到预期，整体的功能超过各个组成部分功能的总和时，才能实现学校整体优化的结果。否则，管理不善将导致整体优化无法实现。管理就是要进行整体优化。

首先，提高系统中各要素的质量。构成系统的要素有不同的性质与功能，它们对提升系统功能、实现整体优化起着重要作用。一方面，系统的要素质量高、功能强，整体功能就会强；另一方面，高质量的要素会主动按合理的秩序形成有机集合体，从而产生新的功能。例如，教师、学生、教学内容和教学手段是组成教学系统的基本要素。一般情况下，如果这四个要素质量越高，那么教学质量就会越高。其次，合理组织系统中的各个要素。选择最优的要素组成系统，这虽有可能实现整体优化，但从现实条件来看很困难。另外，由于系统内局部与整体有着复杂的关系和交叉效应，要素或部分的效益最佳不一定能保证系统整体功能最佳。系统理论认为，应通过合理组织系统中的各个要素，通过使各要素在系统中有一定的秩序来实现整体优化。最后，充分发挥系统中关键要素的作用。系统理论认为，系统中各个组成要素的地位、作用既不是平行的，也不是均等的，其中有的要素会增强系统的功能，尤其是增强各部分相互联系产生的作用。要使系统有效运行，必须充分发挥它们的作用。

---

① 温勇增. 系统涌生原理[M]. 北京：经济日报出版社，2014.

4. 管理是求得组织与环境的平衡

为了保证组织的长期存在和发展，必须不断向外部环境获取资源和注入能量，并积极获取信息。例如，人力、财力、物力等有关信息，组织对这些信息进行加工、处理，并把转换结果输出给外部环境，且这种输入与输出必须保持大体的平衡。这种平衡状态的输入—转换—输出是任何组织连续不断、循环往复的行为过程。组织要生存与发展，就必须与外部环境进行交换，并且只有组织的输出被外部环境所接收，它才能得到自己维系生存及发展所必需的新资源。倘若环境能够承载组织的持续输出，那么环境将持续为组织提供资源和机会，使组织能够高效地运作。反之，如果组织的输出不被环境认可，环境就会停止向组织输入，或向组织的输入小于其输出，最后组织会因人力、物力和财力耗尽又得不到充足的补偿而无法生存与发展。例如，某企业如果能够不断地生产出社会所需要的产品，某学校如果能不断培养出社会所需要的人才，社会就会为其提供足够的资源，企业与学校就会健康、稳定、繁荣、兴旺地发展。因此，组织既要适应环境，也要与环境之间保持平衡，管理的目的就是求得组织与环境的平衡，管理者就是要做好此项工作。

二、教育管理及其特点

教育管理的概念反映了教育管理一般的、本质的特征。通过对其特点的揭示，会让我们对教育管理这一活动有更加准确、系统、全面的理解。

（一）什么是教育管理

教育管理是国家在教育系统中进行的一系列有针对性、连续性的计划、组织、控制活动，旨在实施教育方针，实现教育目标。教育行政部门和学校会依据有效的管理原则，通过组织、策划、管理教育系统的一系列连续性活动来实现人才培养的目标。

管理具有目的性，管理是围绕某一个共同目标进行的活动。管理的结果是实现这个共同目标，它区别于无目的的休闲活动和各有打算的自由活动。

教育管理的目的是实现教育目标，即培养人才。针对教育这一主题，教育学已有明确的界定。教育指的是由社会互动中的经验传播和个体的成长与发展共同构成的社会活动。学校教育是狭义的教育，旨在满足既定的社会需求和受教育者的发展需求，对受教育者产生影响，从而将受教育者塑造为特定社会所需的人才。而广义的教育一般指的是涵盖思想品德、技能、知识、身心健康等领域的多种活动。[①] 更狭义的教育，即依据预定计划引导学生形成特定的思想政治观点和道德品质，其与德育概念相近。这些界定表明，无论是广义教育还是狭义教育，都是影响人的活动。自教育产生以来，这种活动给无数的学生带来了知识、技能，改变了他们的命运，完善了他们的人生。

教育是影响人、培养人的事业，这个事业应该向良好的方向发展，应该产生积极影响、克服消极影响，促使学生德智体美劳全面发展，使每个学生健康成长。但是现实中的一些教育行为与此背道而驰。教育学家顾明远将其界定为反教育行为，并阐述了五种反教育行为的具体表现：①按照学生的学术能力或绩效，将他们划分为特定层级；②对学业表现较差的学生采取严厉措施；③通过有辱人格的宣传口号，胁迫学生在学习中努力；④提倡学习过程中的个体竞争；⑤对学生施加过重的教育压力，过早地给学生施加学习负担。[②]

教育活动，实质上是一种培养人的活动，知识和技能的传授固然重要，但更重要的是培养学生对未来的期许，赋予他们强烈的价值感。当学生走出家门时，他们充满希望地前往学校；在前往学校的路途上，他们急切地盼望坐在教室里；面对挑战时，他们确信学习的力量能助他们克服困难；面对疑问时，他们确信学习的助益能帮他们找到解决方案，他们深知教育能赋予他们意义和价值。众所周知，当一个人对生活持有乐观的态度并且自我评价颇高时，他的情绪通常是稳定的，行为也表现出成熟稳重的特点，拥有强大的信心，愿意承担风险，保持高度的积极性；然而，当一个人意志消沉、自信

① 肖玉梅. 高等教育行政管理学 [M]. 北京：中国人民大学出版社，2006.

② 顾明远. 要与反教育行为做斗争 [J]. 中国教育学刊，2011 (9) :10001.

缺失，紧张和焦虑充斥其间，对周围的一切产生怀疑，不断地从消极的角度去猜测、去行动时，他将以消极的态度去面对生活，做出负面的解读和判断。管理的真谛是让学生获得价值感。在传授学生知识和帮助学生树立信念之后，还要引导他们实践所学，展现自己的能力。现实中会出现反教育行为的一个重要原因就是管理工作不到位，没有设法让学生获得积极向上的价值感。顾明远教授主张，对抗不良教育是一种修正错误教育的举措，反教育就是不好的教育，社会、学校、家庭应该积极与之抗争。作为专门培养人才的地方，学校更要与不良教育进行抗争。[①] 所以，教育管理应该体现教育带给学生的希望与价值感，应该让学生的希望得以实现，让他们的价值感得以释放。

人才成长的复杂性及长周期性等特点反映到教育管理上来，就是在确立目标时，既要满足国家当前的需求，又要预测人才的长远需要，同时还要考虑人才的个性发展。从组织管理过程来看，不仅要充分发挥行政部门和学校的管理职能，还要认真协调学校、社会与家庭的关系；从评价管理绩效来看，既要考虑到人的成果可量化性，又要考虑到人的行为的模糊性，要把定性与定量分析有机结合起来；从管理形式来看，由于思想品德的形成具有潜移默化的特点和知识的掌握具有日积月累的特点，因此一般不采用集中突出、分散指标、学习比赛等组织形式。

教育管理包括教育行政与学校管理两大环节。教育行政主要指教育行政机关的运行，其作为国家对教育进行管理的一部分，包括中央教育行政机关和地方教育行政机关的相关活动。教育行政管理的核心要务，概括来说，包括以下几个部分：一是严格遵循国家的教育方针和政策，将其贯彻教育管理始终；二是制定和推行相关教育法规，确保其有效实施；三是制定、修订教育规章，以满足实际教育工作需求；四是编制教育计划，确保其科学、合理、可行；五是审核、分配教育经费，确保资金的合理分配和有效使用；六是建立和完善各级教育行政组织，提升组织工作效率；七是选拔、培养教育人才，确保教育事业后继有人；八是对所属教育行政单位和学校的工作进行视察、

① 顾明远．要与反教育行为做斗争[J]．中国教育学刊，2011（9）：10001．

指导和评价，及时解决工作中出现的问题，确保工作顺利进行。学校管理是教育者为满足教育目标，运用相应的原理和方法，依照教育规律进行的有序活动。学校管理的核心在于劳动技术教育、体育、智育、美育、德育等的筹划和执行，教学、教研和科研工作的规范和推进，教师和学生行为的组织与纪律的建立，以及学校安保、物资供应、财务处理、图书与设备的管理，还包括组织机构自身的运行管理等。

（二）教育管理的特点

教育管理作为一般管理的一部分，除了具有一般管理的一些特点，还有自己独特的特点，如权变性、双边性、复杂性和多价值摄入性。

1. 教育管理的权变性

在影响教育管理工作的众多因素中，既有系统性因素也有随机性因素。

系统性因素是指在教育工作中长期起作用的因素，具有稳定性。例如，领导者的水平及能力、教师的业务素质、学校的周边环境、学生来源、学校建筑设计等。这类因素可以提前预测，也可以据此事先采取相应的管理措施。这类因素虽然比较容易发现，却不易解决。例如，学生课间时上卫生间拥挤，原因是学校空间狭小。此原因很容易被发现，但不能马上得以解决。

随机性因素是指在教育工作中偶然出现的因素，具有不稳定性。例如，由于某种原因这堂课换了一个条件不好、外面又有喧闹声的教室，所以这堂课教学质量不佳。这类因素虽然不像系统性因素那样难以解决，但它们有时不易被发现，也难以预测它的出现，难以事先制定相应的管理措施。再如，某位教师讲话不慎，伤害了某位学生的自尊心，影响了他的学习积极性，导致其学习成绩下降。由于这是无心之言，事后教师并未在意，所以不知道该学生学习成绩下降的原因。

两类因素的存在使得教育管理中既有规范性管理，又有权变性管理。例如，编班、安排课程、考评教学工作量等都属于规范性管理。这些工作如何做，事先都有明确规定。但是对于如何处理因随机性因素造成的问题，并没有明确规定，应该根据具体情况采取相应的管理措施，具有权变性，即权宜应变之义。不存在适用于任何情况的最佳管理方法和措施。美国组织心理学家埃德加·H. 沙因（Edgar H. Schein）认为："没有一种唯一正确的管理策略在所有时候对所有人都管用。"① 要善于把教育管理理论因地制宜、因事制宜、因人制宜地加以改造。在教育管理中，人的因素占主导地位，人作为有思维活动的生命，更有许多不确定性，可能教师不经意间的一个眼神、一种表情、一句话、一种行为就会对学生产生影响。另外，即使已经有了管理规则，也会因非理性因素而出现随机事件。因此，教育管理具有很强的权变性，应该根据具体情况采取相应的教育教学和领导措施。

2. 教育管理的双边性

管理的定义表明，任何管理活动均包括管理者与被管理者，管理是在管理者与被管理者的相互运动中实现的。管理是使人们在群体状态下高效率地完成既定目标的过程。斯蒂芬·P. 罗宾斯（Stephen P. Robbins）等学者认为，管理是协调和监管他人的工作活动。② 这表明，管理对象虽然也包括物，但主要是人，管理主要是在人与人的双边关系系统中实现的。可以说，任何管理活动都具有双边性，这决定了教育管理也具有双边性。

就一般管理而言，管理者通过对被管理者施加影响使他们按照预定目标去行动，改变自己不符合组织目标的行为。被管理者在接受管理者对他们的影响时，并不是消极、被动地去服从指挥，而是根据自己的需要，带着主观认识去接受命令。被管理者在工作中表现出来的对命令的服从感、责任感、成就欲等对管理者会造成一种影响，这种影响可能是积极的也可能是消极的。积极的影响可以使上级管理者或同级人员增强信心，正确对待面临的困难，有利于教育目标的实现；消极的影响会使人们丧失信心，阻碍教育目标的实现，因此，管理过程是管理者与被管理者相互作用、相互依存和相互制约的影响活动。

① 沙因. 沙因组织心理学[M]. 马红宇，王斌，译. 北京：中国人民大学出版社，2009.

② 罗宾斯，库尔特. 管理学[M]. 15版. 刘刚，梁晗，程熙鎔，等译. 北京：中国人民大学出版社，2022.

教育管理较其他的管理活动双边性更加突出，并且有其特殊性。教育是一项培养人的事业，在教育领域中，一些问题的确切答案仍然难以确定或理解。例如，如何实施引导式教育，以及什么样的行为才是个性化教学等。对于教师的责任心、工作态度以及教育观念等方面的评估，仅凭其单一行为难以做出推断，更无法确切预测在进行某项工作时他们会形成何种行为方式或持有怎样的心态。在这种情况下，作为被管理者的教师与作为管理者的校长、主任等，以及作为被管理者的学生与作为管理者的教师等，他们之间的相互运动，尤其是其积极的运动对实现教育目标、满足被管理者的需要显得格外重要。

3．教育管理的复杂性

学校是教育组织中最庞大的群体，这个群体涉及很多人员及其相互关系。从学校内部来说，有行政人员、教师与学生；从学校外部来说，有家长、亲戚、社区成员，其中家长是一个庞大的与学校有密切关系的群体。这些人员之间又构成了不同的社会关系。从学校本身来说，也有不同于其他组织的特点。

首先，学校中的教师具有双重角色，教师既属于被管理者，又属于管理者，他们每年、每学期、每月甚至每天都在不同的角色中变换。不仅如此，教师还以职业人的角色出现，他们肩负教书育人、培育国家未来建设者和接班人的重任，他们被社会誉为人类灵魂的工程师，要时刻注意自己的言行，要起到行为示范的作用。其次，学校中的学生是青少年，他们渴望独立，但是又不具备独立的条件；喜欢标新立异，这种心理使一些学生出现叛逆性；有时很温顺，有时又很冲动；有时很开放，有时又很封闭，尤其是对成年人封闭。最后，对于学校来说，每年都要迎来一批新学生，同时也要送走一批毕业学生。在迎来学生的同时，也迎来了与之相关的社会关系。所以，学校是人员、社会关系变化极大的组织，属于走动式管理。

上述人员及组织的特点表明教育组织具有复杂性，对于这种组织的管理也具有复杂性，在管理过程中一定要注意方式方法。

4．教育管理的多价值摄入性

由于教育的不确定性，管理人员往往需要对其工作过程中出现的问题进行判断和决策，许多判断并不是是非对错的判断和决策，而是在进行价值选择。也就是说，在教育工作中，教师需要做出许多价值判断，而不仅仅是基于事实进行决策。同样，在管理过程中，管理人员也需要进行价值判断，以做出符合组织目标和价值观的决策。

事实判断和价值判断在描述、评价和反映事物上有着不同的角度和目的。事实判断关注客观的事物本身，旨在准确地描述事物的性质、功能和变化。它要求我们客观地观察和反映事实，排除主体的需求和干扰，力求还原事物的本来状态。对事物的价值判断是基于个体的主观意愿、需求和价值观，用于评估其对人们需求的影响。它以主体自身的需要为评价的依据，并考虑了主体的立场和利益。价值判断的目的是估量事物对人们需求的满足程度或影响，因此无法排除主体的存在，主体的需求是价值判断的转移点。事实判断是价值判断的基础，它提供了客观的事实依据和正确认识。通过准确把握事实，我们能够更好地进行价值判断，使主观评价与客观事实相符合。价值判断的目标是实现对事实的正确理解和评价，并以此为基础来指导决策和行动。总之，事实判断和价值判断在描述和评价事物时具有不同的侧重点和目的。事实判断追求客观准确，而价值判断则以主体需求和价值观为出发点。两者相辅相成，正确的事实判断为价值判断提供了基础，而正确的价值判断有助于指导我们更好地理解和应对客观事实。

教育被视为有着极高价值投资的行业。在教育过程中，教学活动时常会涉及与其他活动相较少见的价值层面的问题。学校被定位为社会各种价值观产生冲突的核心区域。在教育教学的过程中，常常暴露出各种价值观冲突及其他价值层面的问题，这促使教育者在尊重现实的基础上进行价值判断，最终做出理性、自然的选择，而不仅仅是对事实进行判断。例如，学生在努力追求学术活动上面临着严峻的挑战，此时教师应以促进学生个人发展为核心，赞美与鼓励学生，激发他们在学术探索方面的潜能。同时，教育本身是一种深层次的理解，这种理解在本质上源于内心的自觉性驱动，它并非单纯的外部灌输。教师对何者被理解、如何理解以及理解谁等问题的看法，源自他们的主观判断。这些判断位于价值层面，所以教育工作总是涉及诸多价值判断。

教育管理不仅仅关乎技术问题，同时也涵盖了诸多价值判断。由于教育管理的特性，管理者应具备一些应有的素质，即必须时刻依赖个人的道德观念，对教学、科研以及管理工作进行道德评价，对事实能够精确理解。教育管理学之所以能成为一门学科是由于其有丰富而系统的理论。对教育管理理论形成与发展影响较大的是西方管理理论的演进、教育管理实践的探索和教育管理研究的推进。

第二节　教育管理的理论源流

教育管理的理论源流可以追溯到我国早期的管理思想和西方早期的管理理论。春秋战国时期，孔子提出了德治的理念。《论语·为政》曰“道之以政，齐之以刑，民免而无耻。道之以德，齐之以礼，有耻且格”①。有效管理社会的手段有两种：一是依据道德准则进行引导，借由道德规则来教育民众；二是运用礼仪来塑造民众的秩序，通过礼仪来使民众整齐划一。这样一来，民众将明白自己的行为存在不合适之处，并自我约束，逐步走上正途。对管理理论进行比较系统的阐述始于19世纪末20世纪初的西方。一般来说，管理理论的演变经历了古典管理理论阶段、行为科学管理理论阶段、现代管理理论阶段和现代管理理论的新发展阶段，本节以这几个阶段为主，探寻教育管理的理论源流。

一、古典管理理论

古典管理理论产生于19世纪末20世纪初。那时，一些组织的生产效率低，组织活动无计划，人的工作责任含混不清。古典管理理论的出现是因为社会迫切需要一套理论观点来有效解决组织混乱问题，建立秩序并提高生

① 孔子. 论语[M]. 杨伯峻，杨逢彬，注译. 长沙：岳麓书社，2018.

产力。古典管理理论中比较有代表性的是美国的弗雷德里克·温斯洛·泰勒（Frederick Winslow Taylor）的科学管理理论、法国的亨利·法约尔的一般管理理论、德国的马克斯·韦伯（Max Weber）的理想行政组织理论。这里重点阐述前两位学者的理论。

（一）泰勒的科学管理理论

泰勒出生于美国宾夕法尼亚州费城一个律师家庭，在利用 3 年时间游历完整个欧洲回到费城后，通过了哈佛大学入学考试，但是因为视力太差而未能就学，转而进入一家液压机厂做学徒。学徒期满，22 岁的泰勒进入费城米德维尔钢铁公司。由于他的聪明和勤奋，在不到 10 年的时间里，便由一名普通工人逐步被提升为总工程师。1883 年，他在新泽西州斯蒂文斯技术学院获得机械工程学位。他在 1898 年加入了伯利恒钢铁公司，为了推广他的科学管理思想，自 1901 年开始致力于文学创作和讲座。

19 世纪末 20 世纪初，资本主义从自由竞争阶段发展到垄断阶段，科学技术和社会经济经历了巨大变革。然而，工业领域依然凭借传统经验进行管理，通过实行饥饿政策促使工人劳动，通过增加劳动强度和延长绝对劳动时间来获取更多利润，引发了工人阶级的强烈反抗，导致劳动效率低下、偷工减料、懈怠等现象普遍存在。科技进步、资本主义生产集中和垄断、劳资矛盾升级等对企业管理提出了新要求，推动了管理思想的深化发展。泰勒的科学管理理论在这样的背景下产生了。

1911 年，泰勒的《科学管理原理》一书对科学管理理论进行了详细阐述。科学管理也被称为泰勒制，即指应用科学方法确定从事某项工作的最佳方法。由于泰勒对科学管理有巨大贡献，所以他被后人誉为“科学管理之父”。泰勒科学管理理论的主要内容如下。

1. 科学管理的目的

泰勒首先阐述了管理的目的，他认为“管理的主要目标应该是使雇主的财富最大化，同时也使每一位雇员的财富最大化。广义上讲，这里用到的财富最大化不仅意味着公司或其所有者能获得更多的利润，还意味着各行各业都达到最好的经营状况。只有这样才能实现永久的社会财富最大化”①。据此，我们可以得出结论：泰勒的科学管理理念旨在实现社会财富的持续增长，并且这种增长不仅涉及雇主财富的增加，还包括雇员财富的增加。因此，这种管理理念实际上表现出一种雇主和雇员互利共赢的管理思维。实现雇主财富的永久最大化是不可能的，除非同时也实现了雇员财富的最大化。因为雇主与雇员的终极共同利益是固定的和确定的，除非雇员的财富得到最大化，否则不可能实现雇主财富的永久最大化。同时，满足雇员对高薪的诉求和雇主对低产品工时成本的目标，都是有可能实现的。不仅如此，泰勒认为科学管理还要实现管理者与工人之间的友好合作，“通过实行科学管理，工人和管理者之间彼此和谐相处，在对待各自职责方面，精神面貌上有了彻底改变，两者之间的职责有了新的分工，其亲密无间、友善协作的过程，在过去的管理制度下是不能达到的。这一切，如果没有逐步形成的新的管理机制的支持，在许多情况下是不可能实现的”②。

2. 科学管理的主要内容

（1）劳动定额制

通过对工人执行任务和工作时间的详尽观察和实验研究，可以确定某项任务的标准操作步骤，并推算出实施这些步骤所需的时间。劳动定额制度正是基于这些观察与实验研究而创造的。

（2）标准化制

员工在执行工作的过程中，必须遵循严格的作业流程，并确保所有材料、工具、流程规范和员工配备都符合规范和标准的要求。

（3）差别计件工资制

工人的工资根据达到一定标准数量的产品来计算，采用计件率作为计算依据。如果生产数量超过这个标准，则会使用更高的计件率来计算所有产品

① 泰勒. 科学管理原理[M]. 马风才，译. 北京：机械工业出版社，2021.

② 同上.

的工资。相反，如果生产数量低于这个标准，将会采用较低的计件率来计算所有产品的工资。

（4）职能制

在企业运营过程中，建立与各工作车间平行的多个科室，分别负责不同的管理职能。这种管理分工的方式可以有效提高管理效率，因为每位管理者只负责特定的职能领域。

泰勒认为，科学管理有四个基本组成要素："形成一门真正的科学；科学地选择工人；对工人进行教育和培训；管理者与工人之间亲密友好地合作"①。泰勒还对科学管理进行了概括，他认为科学管理是"科学，而不是单凭经验的方法；协调，而不是分歧；合作，而不是个人主义；最大产出，而不是有限制的产出；实现每个人的劳动生产效率最大化，财富最大化，而不是贫困"②。

泰勒科学管理理论的产生是管理发展史上的里程碑，他倡导用科学研究来代替个人判断和经验，他通过研究和实践形成了一整套科学管理制度，这些管理制度使管理者从经验导向转向科学指导，为管理的发展注入了巨大的活力。然而，泰勒对人类的认知存在一定的偏差，他的管理理念建立在"经济人"的假设基础之上，即认为所有人类行为都源于经济诱因，忽视了社会因素在人们行为决策中的关键作用。同时，泰勒的解决方案仅关注个别工作的效率提升，却未能为企业的经营和管理提供充分的指导。

（二）法约尔的一般管理理论

法约尔出生于法国一个普通的资产阶级家庭，19 岁时从圣艾蒂安国立高等矿业学院毕业后进入矿业企业工作，成了一名工程师。自 1866 年起，他开始担任企业高级管理职务，对企业的整体架构予以深度研究。此外，他对公司的体制进行了深度的改革，使公司从几近破产的困境中重获新生。他将个人的管理经验总结为理论，于 1916 年著成了《工业管理与一般管理》一书，

① 泰勒. 科学管理原理 [M]. 马风才，译. 北京：机械工业出版社，2021.

② 同上.

他在这本书中提出了一般管理理论。法约尔是20世纪上半叶最杰出的管理学家之一，被誉为“现代经营管理之父”。法约尔一般管理理论的主要内容是：提出并描述管理的六种活动；提出并阐述管理五职能学说；提炼出十四条管理原则；明确员工需要具备的各种能力。

1. 提出并描述管理的六种活动

根据法约尔的观点，管理可归纳为六种基本活动，[①] 分别是管理活动，主要负责计划、组织、指挥、协调和控制等任务；财务活动，包括筹资和追求资本效益最大化等任务；安全活动，涉及对资产和人员的保护；商业活动，涵盖采购、销售和交易等业务；技术活动，包括设计、生产、制造以及优化等方面的工作；会计活动，包括存货盘点、编制资产负债表、成本核算和统计等工作。

2. 提出并阐述管理五职能学说

法约尔是首位对管理职能进行全面和系统化陈述的管理学学者，他认为管理活动由五个关键职能构成，包括计划、组织、协调、指挥、控制。[②]

计划：预测未来并确保各种行动计划的实施。

组织：确保各职能权力与职责的实现，建立一个包括物质和人性的双重结构企业。

协调：确保各项职能活动的及时性与连贯性，使企业员工能够团结在一起，顺利开展各项职能活动。

指挥：使计划得以实施，使工作得以完成。

控制：监督与更正，确保每件事情都按照既定规则和程序运行。

3. 提炼出组织管理原则

法约尔认为要执行好管理职能，就要依赖一些原则，也就是说要依托一些已经被论证的、深思熟虑的和被接受的道理。管理原则指引着管理过程，指引着诸如计划、组织等职能。法约尔在其管理理论中阐述了十四条管理原

① 卜军，姜英来. 管理学基础·经管专业[M]. 2版. 大连：大连理工大学出版社，2006.
② 法约尔. 工业管理与一般管理[M]. 张扬，译. 北京：北京理工大学出版社，2014.

则，旨在有效指导组织的运作。这些原则包括等级链、人员的团结、劳动分工、权力与责任、个人利益服从集体利益、公平、统一指挥、秩序、人员的稳定、统一领导、集中化、纪律、创新精神、员工报酬。根据这些原则，组织能够有效地分工协作，并明确权责关系。通过严明的纪律和统一指挥，能够实现集体利益与个人利益的平衡，确保员工得到公正的报酬。其中，集中化和等级链的建立能够有效管理组织内部的事务，并维护良好的秩序。公平、人员的稳定、创新精神以及人员的团结，则为组织的发展提供了坚实的基础。这十四条原则共同构成了管理的指导准则，帮助组织实现高效运作和持续创新。

4. 明确员工需要具备的各种能力

每一个员工都应该具备诸如技术、商业、财务和管理等方面的能力，这些能力以一系列的素质为基础，这些素质不仅包括身体、精神和道德素质，还包括基础知识、专业知识和从实践中获得的经验，以及特殊类型企业所需要的特殊能力。其中，精神素质是指理解和学习能力、经验总结能力、判断能力、适应能力、敏捷的思维；道德素质是指坚定、敢于承担责任、能动性、忠诚、机智、自尊自重、伦理。法约尔认为，管理能力可以通过教育来获得，并将管理视为一门科学。法约尔积极倡导在高校中开设管理学课程。他的管理理论填补了泰勒科学管理理论的不足。法约尔的管理理论着重强调管理的普遍性，使得该理论在政治、军事、教育等各个领域也具有适用性。然而，法约尔的管理理论并非尽善尽美。他的管理原则过于刻板，导致有时实际的管理工作难以实施。为更好地适应不同的管理环境和情况，法约尔的一般管理理论的灵活性有待加强。尽管如此，法约尔的一般管理理论仍然为实际的管理人员提供了有价值的指导。

二、行为科学管理理论

行为科学管理理论是 20 世纪 30 年代的一门研究人的行为的综合性新学科。古典管理理论对管理理论的形成与发展及管理实践能力的提升都起到了很大的推动作用。但是这种理论着重强调生产过程、组织控制和提高功效等方面的作用，没有更多考虑人的积极性与创造性问题，“经济人”色彩很浓，引起了工人的不满，导致劳资矛盾加深。加之生产力的迅速发展，新兴工业不断涌现，科学技术广泛应用，这些都要求不仅关注生产本身，还要关注人的动机、情绪、组织气氛。于是，一个着重研究人的因素，旨在调动人的积极性的学派——行为科学学派应运而生，早期行为科学管理理论被称为人际关系学说。人际关系学说是由乔治·E. 梅奥（George E. Mayo）通过霍桑研究创立的。

（一）霍桑研究

霍桑研究是1924年到1932年间，美国有关研究人员在美国西部电器公司霍桑工厂进行的有关工作条件、社会因素与生产效率之间关系的研究，目的是解决劳资矛盾和生产效率低下的问题。按主持人的不同来划分，霍桑研究分两个阶段。第一阶段是在美国国家科学研究委员会的主持下进行的；第二阶段是在美国哈佛大学教授梅奥的主持下进行的。梅奥是美国管理学家，原籍澳大利亚，1899年于阿德莱德大学取得逻辑学和哲学硕士学位，后赴苏格兰爱丁堡研究精神病理学，后移居美国，1926年进入哈佛大学任企业管理学院产业研究室主任，1927年冬应邀参加并指导霍桑研究。霍桑研究分为以下四个阶段。

1. 照明实验（1924—1927年）

照明实验是在麻省理工学院电气工程学教授杜格尔·C. 杰克逊（Dougal C. Jackson）的具体指导下进行的。实验目的是研究照明情况对生产效率的影响。研究者认为，物理工作环境在提升工作效能方面起着举足轻重的作用。他们按照实验计划，对参与者进行了分组，实验组经历了不同程度的光照条件变化，而控制组的光照强度维持恒定。实验结果表明，照明度与工作效率没有单纯的、直接的因果关系。

2. 福利实验（1927—1929年）

从1927年冬季开始的后三个阶段的实验是在梅奥的领导下进行的。

福利实验的目标是观察不同的工作条件对生产效率的影响。一个研究小组挑选了六位女性工人，让她们在单独的装配室里进行电器组装工作。与此同时，研究小组对工作环境进行了改进，包括增加休息时间，提供免费的茶点，缩短工作时间，实行每周五天工作制，取消了工头的监督，并引入了团体计件工资制度等。在改善后的工作条件下，女工们可以自由地交谈，同时观察人员也友善地对待她们，产量也在逐渐提高。然而，一段时间后，研究小组决定取消这些优待条件，但这并没有导致生产效率的下降。梅奥等人发现，女工们的工作态度改变是因为监督和指导方式的变化。同时实验也表明，工作条件不是提高工人劳动生产效率的唯一因素。

3. 访谈实验（1928—1930 年）

为了验证第二阶段实验结果的有效性，梅奥于 1928 年 9 月展开了一项规模庞大的访谈研究。他们花了整整两年的时间与 20 000 多名职工进行了访谈和交流。这些交流涵盖各种话题，职工们可以自由选择他们感兴趣的话题进行对话、提出建议或发泄不满情绪。通过这种交流，职工们得到了吐露心声的机会，这个行动被许多人视为公司采取的最佳举措之一，并取得了显著的成效，生产效率大幅提升。工人们的态度发生了转变，因为他们在说出真实想法后，内心感到更加轻松和满足。他们看到了自己的建议被采纳，并参与了公司运营和未来方向的决策讨论，而不再只是从事缺乏挑战性且不被关注的工作。这种参与感和被重视感对工人们产生了积极的影响。研究小组还发现，每个工人的工作效率与他们所在的工作小组中其他同事的互动有关，并不完全取决于工人个人的情况。

4. 群体实验（1931—1932 年）

在梅奥的领导下，一个为探究社会因素对于激发工人积极性的重要性的研究逐步展开。研究小组选取多名接线板工人，进行了为期六个月的观察。在观察过程中，他们发现了一些情况：工人们刻意限制产量，工人们有意识地控制自己的工作产量，这可能是因为他们在过去的工作环境中，产量过高并没有得到足够的回报或认可。小组成员之间可能形成帮派，帮派内的规则会影响工人行为。这些规则包括：在上司面前不可以打小报告；工作量要适当，既不能太少也不能太多；不能远离大家，孤芳自赏；不能自吹自擂，一心想领导大家。梅奥和其他研究小组成员由此得出结论：①在正式组织中存在非正式组织；②对职工来说，在群体中的融洽性和安全性比工资、奖金等物质因素有更重要的作用。

（二）人际关系学说

根据对霍桑研究结果的分析与研究，梅奥于1933年出版了其代表作《工业文明的人类问题》，提出了与古典管理理论不同的新观点——人际关系学说。梅奥认为："在特定群组内经常发生所谓的'人际关系失调'，可能意味着对工作的关系和对人与人之间关系的惯例规则的失调，而不是指个人的初级非理性行为。"[①] 所以梅奥非常注重组织中的良好的人际关系的建立。梅奥人际关系学说的主要内容如下。

1. 工人是"社会人"，而不是"经济人"

工作环境及薪资待遇并非决定生产效率的首要因素，社会环境与心理因素对劳动者的工作效能产生更加显著的影响。工人在社会群体中的角色定位使其受到群体效应的影响。工人不仅关注物质财富与金钱收入，同时还追求人际关系中的友谊、安全感、归属感以及尊重等。因此，在激励手段的调整与改进过程中，应特别关注社会及心理层面，以促使工人进行更为紧密的合作。

2. 生产效率的高低很大程度上取决于工人的工作情绪和工作态度

泰勒认为物质工作环境是影响生产效率的主要因素，生产效率、作业方法和作业条件三者之间存在着单纯的因果关系。而霍桑研究表明，工人的态度和情感对生产效率有重要的影响。如果工人拥有积极的态度和良好的情感状态，他们就更有可能提高生产效率。因此，士气的提升被认为是生产效率提高的关键因素。通过关注和改善这些社会因素，可以有效地激发工人的积极性，提高他们的工作动力，从而达到提高生产效率的目标。

① 梅奥．工业文明的人类问题[M]．陆小斌，译．北京：电子工业出版社，2013．

3. 企业中存在非正式组织

梅奥的研究结果表明，在企业结构中存在额外的非正式组织，这些组织是在显性正式组织之外形成的，并且对于个体在工作和生活中的行为产生重要的影响，以满足特定需求。事实上，非正式组织与正式组织相互交织、共同存在，并且都会对生产效率产生显著影响。这样的认识提高了我们对于人际关系和组织文化的理解和管理能力，能够更好地推动生产效率的提升。

4. 新的管理方式在于提高工人的满足程度

生产效能的提升主要取决于工人的精神状态与情绪，而其精神状态和情绪则主要取决于其在生活中所感受到的各类需求的满足程度。这类满足程度首先反映在工人是否为上司、同事和社会所接纳，即在工作中的社会地位，然后才是金钱和物质。这意味着管理者需要具备综合的技术和经济管理技能，以适应和引领企业中的非正式组织和工人行为。通过了解和关注工人的心理需求，管理者可以创建积极的工作环境，激发工人的创造力，从而促进生产效率的提升。此外，还可以采取适当的激励措施来增强工人的参与度和归属感，进一步提高其工作效能。管理者应具备人际交往能力，不仅要深入理解人们的理性行为，还应对不理性行为有所认识，必须学会倾听他人的心声，打破思维的局限性，真正了解工人的需要。

三、现代管理理论

20 世纪中后期，现代科技的快速发展与生产社会化的进程加快对管理领域产生了巨大的影响，引发了一场管理的热潮。在这个时期，涌现出了许多新的管理理论和流派。这些理论和流派的出现，为组织和领导者提供了不同的思考工具，以更好地应对不断变化的管理挑战。通过研究和运用这些理论和流派，组织可以更有效地管理资源、提高生产效率和获得可持续竞争优势。这一时期的管理领域充满了创新和发展，为管理实践和学术研究提供了丰富的资源和启示。美国的哈罗德·孔茨等管理学家把这种现象形象地描述为“管理理论丛林”[①]。一些学者梳理了“管理理论丛林”现象，其大致已经发展出十几个学派，包括人际关系学派、群体行为学派、经验主义学派、社会系统学派、决策理论学派、管理科学学派、管理过程学派、权变理论学派、系统管理学派、经理角色学派、经营管理学派等。这里重点阐述决策理论学派和经验主义学派中的一些理论。

（一）决策理论学派的观点

决策理论学派起源于社会系统学派，而社会系统理论则是决策理论的基础。决策理论吸纳了计算机科学、运筹学、系统理论、行为科学等多领域的知识，从而形成了一套完备、全面的理论体系，涵盖了决策的方法、类型、准则、过程等多个方面。其代表人物是赫伯特·A．西蒙（Herbert A. Simon）和詹姆斯·G．马奇（James G. March）。

西蒙曾是美国卡内基梅隆大学的教授，美国经济学家、社会科学家、管理学家。由于他在决策理论方面作出了突出的贡献，所以于1978年获得了诺贝尔经济学奖。其代表作为《管理行为》《管理决策新科学》等。马奇曾是美国斯坦福大学的教授，1953年获得耶鲁大学博士学位。他在管理学、社会学、政治学、教育学等领域都有很深的造诣，被公认是过去50年来在组织决策领域最有贡献的学者之一。其代表作有《组织》《决策是如何产生的》等。

1．决策过程理论

其一，管理就是决策。管理活动从计划、组织、检查到总结都是决策过程，决策贯穿了整个管理过程。所以，管理过程就是决策过程，它先分离出组织成员决策制定过程中的某些要素，再建立规范的组织程序来选择和确定这些要素，并将要素的信息传递给组织内相关的成员。

其二，决策是一个复杂的过程。决策的完成主要可以分为四个步骤：首先，收集信息并掌握环境，以便在决策制定中确保各项条件完备；其次，制定策略策划，根据可能性制订并分析备选行动方案；再次，从多种可行选项

① 冯国珍．管理学[M]．3版．上海：复旦大学出版社，2017．

中选择最为合适的行动方案；最后，对先前的抉择进行评估，以便后续决策过程中能够及时吸取经验和教训。这四个阶段都含有丰富的内容，并且各个阶段有可能相互交错，因此，决策是一个复杂的过程。

其三，程序化决策与非程序化决策。西蒙主张将决策过程分为两类：程序化决策与非程序化决策。程序化决策主要涉及具有规律性、重复性的决策事项。由于此类决策涉及的事项往往存在一定的规律与重复性，因此人们常常创建一套固定的程序来解决此类问题。在组织环境中，程序化决策被广泛应用。程序化决策指的是那些已经经历过并存在明确特征和结构的决策过程，这些决策过程通常相对简单和清晰。然而，也存在一些决策情境属于非程序化决策。非程序化决策指的是那些以前未遇到过的，或者具有复杂性和不确定性的决策。这些决策往往需要更多的信息收集和分析，并可能需要经过深思熟虑和创造性思维的过程来解决。在面对非程序化决策时，组织需要采取相应的策略和方法来处理这些复杂的问题，并做出最佳的决策。随着人们认识的深化，非程序化决策会逐渐转变为程序化决策。

2. 最大化与满意化

马奇在《决策是如何产生的》一书中对满意化与有限理性进行了阐述。决策实际上是选择方案，存在选择最大化的方案，还是选择满意化的方案的问题。为了解决这个问题，马奇首先界定了什么是最大化与满意化，最大化是指对所有备选方案进行比较，并选择最佳方案；满意化是通过对备选方案进行综合比较，选出最为合适的方案，以实现特定的目标。在满意化决策中，各个偏好方面都被视为独立的约束条件。如果找到了符合各个标准的足够好的组合，即使后续出现更好的组合，也不会选择这个更好的组合。这种决策方式更注重在满足一定标准的前提下，寻找可接受或足够好的解决方案。最大化和满意化是在不同决策情境下采用的策略，根据具体情况选择适合的方式来做出决策。[①]。概括之，最佳选择来自符合某特定标准或目标的备选方案，而满意化选择则是优于某标准或目标的方案。

① 马奇. 决策是如何产生的[M]. 王元歌，章爱民，译. 北京：机械工业出版社，2007.

按照理性决策规范的解释，人们需要以较小的成本获得较大的效用，都想收益最大化，所以决策时会选择最大化的决策方案。然而，从行为学角度观察决策规则，我们会发现决策者似乎并非追求最大化，而是更倾向于实现满意化目标。

人们并非不想选择最大化的决策方案，是因为人是有限理性，而非完全理性，有限理性的特点影响了最大化的获取。完全理性认为，决策者拥有共同的基本偏好，拥有有关备选方案及其结果的全部信息，所有的备选方案及其结果都是已知的、确定的，所有与方案选择的相关偏好都是已知的、准确的、一致的、稳定的。有限理性认为，决策者们的所有偏好并不是都在同一时间出现，他们没有一组完整的、一致的偏好，与此相反，他们所设定的目标在完整性与一致性上有所欠缺，而且并未同时顾及全部目标的统筹与考量，并不是所有的备选方案都是已知的，并不是所有的结果都能够考虑到。

决策者的认知能力受限于有限理性的范畴，而且在不完全信息的情况下，也很难做出明智的决策。决策者在注意力、记忆力、理解力和沟通力方面都会受到严重限制，注意力集中的时间和能力是有限的；组织和个体存储信息的能力是有限的，决策者的理解力也是有限的；决策者交流信息、共享复杂的和专业化的信息的能力也是有限的。不同的文化背景、年代、专业领域之间很难沟通，不同群体的人们用不同的框架来简化这个世界。尽管决策者竭力挣脱这些规则的束缚，其怀揣热忱、倾力投入，然而他们的行动却并非全然基于理性，而是处于有限理性的状态下做出的。考量此情景时，决策者不会全面分析所有可能的解决方案，而是会聚焦于少数几个优选方案，这些方案并非同步研究，而是按照既定的逻辑顺序进行分析；决策者对待备选方案的处理并非全方位考量，而是将关注点聚焦在个别预期结果之上。通常决策者并未对可能与预期结果相关的信息产生关注，亦会避免对可获取信息进行查询。相较于追求最理想的方案，他们更倾向于寻求能满足自身需求的恰当行动。

总之，最大化假设人是完全理性的，人可以找到达成目标的所有备选方案，所以人可以选择最优化的决策方案；满意化假设人是有限理性的，人自身的能力是有限的，当他们面对具有不确定性和复杂性的环境时，选择最优方案是极难的甚至是不可能的，于是用满意化取代最大化。

（二）经验主义学派的理论

经验主义学派又称案例学派，它是以企业的管理经验为主要研究对象，以向企业管理人员提供成功经验为目标的一种管理理论学派。主要代表人物是美国的彼得·F.德鲁克（Peter F. Drucker）、欧内斯特·戴尔（Ernest Dale）、艾尔弗雷德·斯隆（Alfred Sloan）、亨利·福特（Henry Ford）和威廉·纽曼（William Newman）等。

经验主义学派认为，管理科学理论应该从管理的实际出发，把成功的管理者的经验加以概括和理论化，给企业管理人员提供重要的指导。企业管理人员在参考了成功的管理案例，探讨了管理者处理特殊问题的策略后，便能够在类似情境中更为有效地实施管理。

下面以德鲁克的思想作为代表，简单介绍经验主义学派的一些重要观点。德鲁克生于奥地利首都维也纳，1931 年获法兰克福大学国际法博士学位，1937 年移居美国，终身以教学、咨询和著书为业，是当代最著名的管理学家之一，被称为“大师中的大师”。德鲁克一生有很多管理思想和经验，写出了《管理的实践》《卓有成效的管理者》《管理：使命、责任、实务》等著作。这里主要介绍德鲁克的有效管理者、自我控制的思想。

1. 有效管理者

德鲁克倡导实施有效的管理，“一位管理者如果不能致力于使工作卓有成效，现实必将迫使他一事无成”[①]。但是现实中有些人的管理的确无效，因为他们会遇到一些现实问题，使他们的工作难以取得成果和绩效。现实中，管理者通常面临四种无法控制的挑战：①管理者的时间很少留给自己，经常被他人占据；②作为组织中的一员，管理者的工作只有在他人能够充分利用其贡

① 德鲁克. 卓有成效的管理者[M]. 许是祥，译. 北京：机械工业出版社，2018.

献时才能产生实际效果；③管理者常常被迫忙于日常运营的琐事；④处于组织内部的管理者，受到组织本身的局限，使他们难以认识、体验、控制外部事情。

20世纪30至50年代是领导特质理论大发展的时期，一些学者认为，有效的管理者是与生俱来的，德鲁克提出了不同的观点。他认为："如果有效性只是人类的天赋，那么我们今天的文明即使尚能维持，也肯定是不堪一击的。"[①] 经由实践的影响，人们的管理效能能够在后天逐渐发展，且这种发展是可以学习和掌握的。要想成为卓有成效的管理者，必须在思维模式上培养以下五点习惯：①应明确自身时间的投资方向；②对外力需求保持洞察力，明确管理者的贡献何在；③善于整合包括自身、上级、同事等在内的各方优势，捕捉有利的机会完成应行之事；④针对少数关键、能带来成果的领域，集中精力设定优先级；⑤具备高效决策的能力。

2. 自我控制

德鲁克认为，现代组织管理的核心在于自我控制。自我控制意味着有更强烈的工作动机，想要有最好的表现，而不只是达标而已，因此会制定更高的绩效目标和更宏伟的愿景。

德鲁克之所以大力倡导自我控制，是因为自我控制在管理中具有至关重要的作用：自我控制有利于组织凝聚共同的愿景，实现团队合作，做到同心协力、方向一致；自我控制能让个人充分发挥特长，协调个人目标和组织目标，使之达到基本统一；自我控制能让人们把追求共同福祉作为共同目标，以更严格、更精确和更有效的内部控制取代外部控制。总之，通过自我控制可以更容易地达到比目前大多数组织绩效标准更高的绩效目标。

四、现代管理理论的新发展

20世纪80年代以后，管理领域又出现了一些新的发展趋势，出现了多种管理思想，进而形成了一些新理论。例如，日裔美籍学者威廉·G. 大

① 德鲁克. 卓有成效的管理者[M]. 许是祥，译. 北京：机械工业出版社，2018.

内（William G. Ouchi）的Z理论、美国学者埃德加·H. 沙因（Edgar H. Schein）的组织文化理论、美国学者迈克尔·波特（Michael Porter）的竞争战略理论、美国学者彼得·M. 圣吉（Peter M. Senge）的学习型组织理论、美国学者迈克尔·哈默（Michael Hammer）与约瑟夫·M. 朱兰（Joseph M. Juran）的质量管理理论等。由于这些管理理论的出现，一些学者认为出现了一个管理理论新发展阶段。这里主要介绍大内的Z理论、沙因的组织文化理论和戴明的质量管理理论。

（一）大内的Z理论

大内是日裔美国学者，加利福尼亚大学教授，先后获得斯坦福大学和芝加哥大学的企业管理硕士学位和博士学位。

大内选择了日本和美国的一些典型企业，对他们的管理模式进行了研究。他通过研究，于1981年出版了《Z理论——美国企业界怎样迎接日本的挑战》一书，在书中他提出了一种新型管理理论，即Z理论。

20世纪中后期，日本企业的生产率保持了较快的增长态势，而美国当时的生产率却增长缓慢。两国的工厂和设备之间的新旧程度已经缩小了差距，而生产率的差距仍在继续扩大，对此有很多解释，大内认为这些解释虽然都很有道理，但是没有一个让他完全满意。因为这些解释未能说明两国的企业在组织管理上有什么不同，他认为日本的管理方式及其背后的指导思想可能是最大原因，于是他于1973年开始对日本公司的管理方式进行研究，同时把日本机构的管理模式与美国机构的管理模式进行了比较[①]，具体如表1-2-1所示。

表1-2-1　日本与美国的机构管理模式对比

日本机构	美国机构
终身雇佣	短期雇佣
缓慢的评估和升职过程	快速的评估和升职过程

① 大内．Z理论[M]．朱雁斌，译．北京：机械工业出版社，2007．

续表

日本机构	美国机构
非专业化的职业发展模式	专业化的职业发展模式
含蓄的控制机制	清晰的控制机制
集体决策	个人决策
集体负责制	个人负责制
关注整体	关注局部

通过比较，大内发现，美国的机构管理模式在每个重要方面恰恰与日本的机构管理模式是对立的。美国应该从日本成功的经验中汲取有益的成分，而不应当单纯进行模仿。

大内将美国机构称为 A 型组织，而 J 型组织则是其对日本机构的称呼。A 型组织是相对自然地根据异质化人群、流动的社会关系和个人主义等因素进行调整而形成的。在 A 型组织中，人与人之间的关系较为脆弱，很难建立起密切的联系。而 J 型组织则是通过适当调整、考虑同质化人群、稳定的社会关系和集体主义等因素而形成的组织形式。在这种组织中，个人的行为紧密协调在一起，相互之间的联系和合作更加紧密。大内通过描述与比较日本和美国机构的管理模式，最后提出了一个全新的概念，即 Z 型组织。他认为 Z 型组织是成功的管理模式，他阐述了这种组织的特点、成功的原因及策略等，这便是 Z 理论。

大内在《Z 理论》一书中阐明了 Z 型组织的特点[①]：①倾向于长期雇用制，雇用的工人要一直工作到退休。工人的职业保证会使他们更加积极地关心组织利益。这是 J 型组织的特征。②相对缓慢的评价和升级过程，对工人要经过较长时间的考验再做全面评价，再予以晋升，不会像 J 型组织那样要等待 10 年之久。③非专业化的经历道路，通过工作轮换制，培养适应各种工作环境的多专多能人才，这也是 J 型组织的特征。这种方法有效地产生了更多属于该组织所特有的技能，从而在设计、生产和分配过程中进行更紧密的协调。

① 大内．Z 理论[M]．朱雁斌，译．北京：机械工业出版社，2007.

④寻求明确与含蓄控制的平衡，具有 A 型组织管理中的一些方式，诸如正式计划、目标管理等明确控制方法。同时也运用 J 型组织中的含蓄控制，即运用文化、价值观、信念、经验等来规定应该做的事情。⑤集体决策与个人负责相结合，在做出重要决定时，采取集体研究与个人参与的协商制，最终取得真正一致的意见，即决策是集体做出的，但是最终要由一个人对这个决策负责。⑥人与人之间是平等关系，人们虽然在不同的层级、不同岗位上工作，但都是工作关系的自然组成部分，都是平等的，大家都保持相互友好、相互联系、相互关心的状态。平等主义是 Z 型组织的一个核心特点。

Z 理论认为，美国工人和日本工人几乎一样努力。美国的管理人员差不多与日本的管理人员一样都想做出优异的成绩。但更加努力工作却没有提高生产力。生产效率的增长不能单靠辛苦的劳动，而应该改变管理方式。为了解决这一问题，Z 理论认为需要按照有效的方式使个人的行为协同一致，并从合作和长期的观点出发，向工人提供激励机制，鼓励他们使自己的行为协同一致。

Z 理论的中心议题就是通过一种管理模式，让每个人的努力都彼此协调起来，从而产生最高的效率。围绕这个中心议题，大内提出了 Z 理论的信任性、微妙性和密切性三个重要原则：信任性是使工人之间、部门之间、上下级之间相互信任；微妙性是根据各个工人之间的微妙关系进行工作组合；密切性是既要在家庭、邻里、俱乐部和教堂里培育人与人之间的密切性，还要在工作单位培育这种密切性。他认为信任性、微妙性和密切性是不可缺少的，如果缺少这三点，那么作为具有社会人特点的人就不能获得成功。大内不仅强调了信任性、微妙性和密切性的重要性，还强调了生产率与它们之间的关系。在 Z 型文化的氛围下，组织重视的是人而不是物，即使重视产品也是通过重视那些生产产品的人来具体体现的。在 Z 型文化中，信任是核心。在适切的工作与亲密的人际关系基础上建立起来的相互信任原则，是 Z 型组织取得成功的重要保障。

A 型组织可以改变已有的生产效率不高的状况，从而走向成功的 Z 型组织，但是这需要一个过程，从 A 型组织到 Z 型组织有十三个步骤：①了解 Z 型组织的作用；②审查公司的哲学观；③须确定恰当的管理理念并让公司决策者积极参与；④搭建管理理念框架，提供动力；⑤提升人际交流的能力；⑥了解自我审查以及系统审查的必要性；⑦鼓励工会参与；⑧保持稳定的雇佣关系；⑨设立稳健的评估和晋升机制；⑩提供多元化的职业发展路径以及方向；⑪做好推动基层改革的策略；⑫在特定领域实施参与式管理；⑬提供构建全面关系的机会。

（二）沙因的组织文化理论

沙因是著名的社会心理学家、组织心理学创始人，在组织心理、组织文化、职业生涯管理等方面都作出了重要贡献。1952 年，沙因获得了哈佛大学社会心理学博士学位，之后在美国军事科学院从事研究，1956 年以后在美国麻省理工学院的斯隆管理学院从事教学与研究工作，1964 年晋升为组织心理学教授。其代表作有《组织心理学》《组织文化与领导力》《职业动力学》。

《组织文化与领导力》一书的问世，标志着组织文化学派的创立。该书比较系统地提出了组织文化的理论，并在西方的组织理论中产生了一定的影响。

沙因提出，组织文化在组织领导与组织文化的关系中占据核心地位。他强调，由于大多数人都生活在组织之中，因此与组织的交流互动是生活的一部分。[①] 在组织生活中，人们经常会感到困惑并对许多观察到或感知到的事情存有疑惑。这种困惑和疑惑可能源于各种因素。例如，某些事情过于政治化；组织中的领导者无法理解下属的需求，经常令人失望；处于权力地位的个人常常压制下属的积极性。驱动组织成长、进化、解体的因素，也就是组织的原动力，让人难以捉摸。这种原动力往往难以被人意识到，它就像一只隐形的手，在背后推动着组织的发展。若要深入理解组织生活的本质并洞察组织

① 沙因．组织文化与领导力[M]．4 版．章凯，罗文豪，朱超威，等译．北京：中国人民大学出版社，2014．

发展的基础，必须树立一种组织文化理念。沙因认为，组织文化是群体在不同挑战和问题面前习得的一种共同的思维模式和行为方式。这个文化模式被认为是有效的，因为它能帮助群体适应外部环境的变化，同时也有助于内部的协同和整合。对于新成员来说，这种文化模式成为他们理解和应对问题的准则。[①] 依照沙因的论点，组织文化是由一系列基本假设构成的，其源于某个团体在探索应对外部环境适应及内部整合问题的过程中所生成、发展并被视为合理且有效的运行方式。这些模式被当作解决问题时正确的感知、思考和感觉的方式并传达给新员工。

组织文化具有四个特点：①稳定性，获得组织认同的文化的关键组织部分，将成为组织得以维系的稳定力量，而且不会轻易地被放弃；②深度性，文化往往是一个组织中最深层次的、无意识的部分，因此它更加不可触摸、更加不被注意到；③宽度性，文化一旦形成，便进入群体职能的所有方面，渗透并影响到组织的方方面面；④整合性，文化将组织各种不同要素，如惯例、气氛、价值观和行为等融合成为一个整体，并固化到一个更大范围、更深层次上。

为了深化对组织文化议题的洞悉，我们必须明确组织内部发生的事项，同时，最关键的一点是要甄别出哪些问题是领导层面关注的核心问题，而哪些问题属于边缘化的次要事项。组织文化是由领导塑造的。领导者的核心职能之一就是创立并维护一种文化。当人们更深入地研究组织领导与组织文化之间的关系时，便会意识到这两者之间的联系犹如一枚钱币的两面，单纯关注一面而忽视另一面将无法全面理解整体状况。

组织文化可以分为三个层次。

第一个层次是人造文化。这是可见的、可听的、可感觉到的现象，是文化的表层。这一层次的文化便于观察，但是很难解释。仅从人造成分推论深层次的文化假设是非常不可靠的。

---

① 沙因．组织文化与领导力[M]．4版．北京：章凯，罗文豪，朱超威，等译．中国人民大学出版社，2014．

第二个层次是价值文化。这一层次反映人们信奉的理想、目标、抱负、信念、价值观等，即人们认为的“应当是什么”与“事实是什么”的区别。

第三个层次是潜在文化。这一层次实际是无意识的信念和价值观，是一种反复使用解决问题的理所当然的基本假设。基本假设就像现有的理论一样，往往是不可挑战和无须争论的，想要改变也是非常困难的。

任何组织的文化都可以在上述三个层次上进行研究。一个组织文化的本质在于潜在文化，但是在人造文化和价值文化层次上也可以体现出来。了解了基本假设模式这一层次的文化，就可以相对容易地理解其他两个层次的文化，并可以适当处理它们之间的关系。

（三）戴明的质量管理理论

威廉·E. 戴明（William E. Deming）生于美国爱荷华州，1928 年获得耶鲁大学物理学博士学位，统计学家、质量管理专家。他因对世界质量管理作出卓越贡献而享誉全球。20 世纪 50 年代应邀到日本讲学并对日本的质量管理进行指导，帮助日本企业界奠定良好的质量基础。其代表作是《走出危机》和《戴明的新经济观》。

戴明认为质量来自管理，质量不好的重要原因是管理没有做好，因此要实施质量管理。提高质量不是一时的事情，而是长久的事情，质量管理要贯穿整个生产与服务的始终。戴明关于质量管理有很多独特的思想与方法，下面主要介绍两点。

1. 质量管理的十四个要点

戴明的重要贡献之一是提出了质量管理的十四个要点。他认为，要想确保产品和服务的质量，就要符合以下十四个要点：①创造一个改善产品与服务的持续不变的目标；②强化管理责任，接受新的理念，直面未来挑战；③通过生产确保质量，而不是依赖检查提高质量；④废除“价低者得”的做法，着眼于服务与产品的质量；⑤持续不断地改进生产和服务系统；⑥做好人员培训工作；⑦领导者要设法使人和物发挥更大的作用；⑧消除员工的焦虑；

⑨打破部门之间的壁垒；⑩取消要求零缺陷和达到生产率新水平的口号、标语和数字目标；⑪取消工作标准及数字定额；⑫消除员工获得自豪感的障碍；⑬开展强有力的教育和自我提高活动；⑭让员工参与到组织的转型中来。[①]

2.PDSA 循环

戴明赞成革新，他认为通过变革与创新能够让人们享受工作乐趣，革新能够为工人创造良好的工作环境，能够提高产品和服务的质量。为此戴明主张运用 PDSA 循环进行革新，PDSA 是 Plan、Do、Study、Act 四个英文单词的首字母缩写。PDSA 循环包括计划、执行、研究、行动四个步骤。

第一步，计划（Plan）：人们大脑里有了变革与创新的想法，要把这种想法变成现实就要设计革新的计划，这是整个循环的初始步。

第二步，执行（Do）：落实革新计划，开始测试、比较、实验，最好是采取小规模的方式进行。

第三步，研究（Study）：研究革新结果与计划的期望是否相符，如果不是，问题出在哪一步，是需要回到起点重来，还是应该完善哪一步。

第四步，行动（Act）：经过上述几步后，要判断是完善前几步，还是放弃已有的革新，或者在不同环境或条件下再重复一次。

第三节　高校教育管理体制

一般而言，高校教育管理体制可分为宏观和微观两个部分。本节主要讨论高校教育的宏观管理体制。

一、高校面向社会自主办学的权利

高校必须拥有办学自主权，这是它们自身不可忽视的发展规律。只有掌握办学自主权，高校才能真正成为自己的主宰，主动适应社会发展的需求。这样一来，能够为高校发展增添活力，有效提高高校质量和办学效益，更好

① 戴明，奥尔西尼．戴明管理思想精要[M]．裴咏铭，译．北京：西苑出版社，2014．

地为社会服务。获得办学自主权能够让高校排除各种干扰和限制。在这样的环境下，高校能够更好地培养学生解决问题和创新思维的能力。此外，办学自主权还赋予了高校突破各种限制的机会，通过这一权利，可以为科学研究和学术活动创造必要的条件，从而提高高校教育的学术水平，为开展高水平的学术研究作出更大的贡献。因此，高校的办学自主权是不可或缺的权利。这种权利能够帮助它们实现真正的独立性和自主性，从而推动整个教育体系的发展。

二、政府对高校教育宏观管理的主要任务

第一，确保高校教育的性质，制定高校教育的方针、政策、法律法规，为高校教育的发展指明政治方向，这是一个国家的高校教育不可或缺的保证机制。第二，政府需要确立发展目标和战略重点，制定高校教育的发展战略。这些战略应当与国家发展需求和社会进步的要求相一致，并促进高校教育的健康发展。第三，政府应协调高校教育的发展，确保与国家经济和社会需求相适应。这包括协调高校教育的层次、办学形式和专业设置，以实现高校教育的均衡发展。第四，政府需要加大对高校教育的经费投入力度。这包括增加政府教育拨款，确保资金投入符合高校教育的发展需求。同时，逐步提高在校学生的人均教育费用、教师工资和学生人均公用经费，保障高校教育质量和优化教学资源。第五，政府有责任提供信息支持、组织社会评估，总结经验并推动高校教育的进一步发展。需要注意的是，政府在高校教育的宏观管理中应保持适度和合理原则，避免过度干预或过多控制。

三、政府对高校教育宏观管理的主要手段

（一）政策指导

高校教育政策是国家对高校教育领域的整体规划，反映了国家对高校教育的重视和关注。这些政策需要具备可操作性，以便能够实际指导高校教育

实践。具体来说，这些政策必须以实际情况为基础，符合事物发展规律，并能够有效地执行。制定高校教育政策时，必须考虑到现实的情况，包括国家的发展需求、教育资源、人才培养需求等因素。政策应当切实可行，能够在现实条件下有效实施。如果高校教育政策脱离实际、不具备可操作性，将无法对高校教育实践产生实质性的影响和促进作用。相反，这种政策的实施很可能会削弱政策制定机构的信誉，并对高校教育事业产生负面影响。

（二）教育立法

政府对高校教育采取立法和执行相关法律法规的措施，以实现对高校教育的整体管理，这是其在高校教育领域实行有效管理的关键策略之一。教育法律法规的制定、修订与终止皆由国家机关依据法定权责和合法程序，通过立法活动和过程加以实现。高校教育立法是教育立法的组成部分，是把国家关于高校教育的方针、政策用教育法律法规的形式固定下来。因此，通过高校教育立法，可以确定和实现国家的高校教育目的和任务；通过合理调整高校教育的外部关系和内部构成，可以建立、维护和提升有利于国家教育活动的良好秩序。此外，加强对高校教育领域的全面管理也会对国家的教育事业产生重要影响。此举将有助于确保高校教育在国家教育体系中发挥更大的作用。通过合理调整外部关系，政府可以加强与其他教育机构和专业组织的有效合作，共同推动高校教育的发展和创新。同时，内部构成的合理调整可以提高高校的治理效能，优化资源配置，提升教育质量和学习环境。加强对高校教育的全面管理也能够促进教育改革和提升教育质量，为国家培养高素质的人才和促进社会经济的高质量发展提供更加稳定和持续的支持。

（三）财政拨款

高校教育是一个需要大量经费投入的领域，它的发展离不开外部资源的支持。在政府拨款、企业捐款和个人投资中，政府拨款是高校教育经费的主要来源。政府拨款不仅用于高校教育的基础设施建设，还用于支持学术研究、教学改革、师资培养等方面。政府还通过各种政策措施来保障教育质量、促进教育公平，以推动高校教育的持续发展。然而，政府对高校教育的投资是出于对国家发展的考虑，希望通过高校教育为国家的发展提供人才支撑，为全面建设社会主义现代化国家服务。

（四）教育评估

教育评估的目的是评估教育活动的有效性和教育成果，提供有关教育质量和效果的信息，以指导决策和改进教育措施。高校教育评估的内容包括：评估的对象，即高校教育活动或现象，如专业、课程、科学研究等；评估的依据，即既定的教育目标及评估对象的实际情况；评估的内容，即对评估对象的价值或绩效，如高校办学水平、课堂教学质量等；评估的结果，即对客体的价值判断或绩效估量，以及对这种判断、估量的效度和信度分析。教育评估在教育管理中扮演着重要的角色。通过系统的评估和分析，能够充分了解高校的教育活动情况和成果，为教育质量的提高和教学工作的改进提供指导和支持。通过对高校教育质量和效果的评估，政府可以了解各个高校的现状，据此制定政策和措施以调整和引导高校教育的发展方向，并解决高校教育系统存在的问题。教育评估能够为高校教育改革提供依据和方向，推进高校教育质量的提升、教育教学改革和创新。

第二章　高校课程管理的实践创新

本章为高校课程管理的实践创新，主要论述了高校课程管理的概念、高校课程管理现状分析、高校课程管理的原则与意义、高校课程管理的创新发展策略。

第一节　高校课程管理的概念

一、课程及课程管理

（一）课程的相关概念

1. 课程内涵

在教育教学过程中，课程一直处于核心地位，并受到了学界的广泛关注，学界对于课程的内涵也有多种解释，具体如下：①唐代的孔颖达是我国最先提出课程相关定义的学者，其在《诗经》注释中提出了“维护课程，必君子监之，乃依法制”[①]的观点，指的是礼仪活动的相关内容。②课程这个概念，指的是学生在校期间所接触到的所有经验，其中包括教学活动、教学进程、学科设置、课外活动以及校园文化等方面。同样，它也包括了具有一定完成量的工作和学习内容。③课程的本质就是对知识的系统化整理和组织，教学内容经过整理后形成的“知识体”都构成了一门具体的课程。

① 王萌，张春艳．教育学[M]．广州：中山大学出版社，2013．

总的来说，从广义上讲，课程是指学生在校内获得的所有经验，包括教学教育、课内课外活动、学习氛围和学校背景环境等多种类型的经验；而从狭义上来看，课程则特指和课堂教学活动有关的内容。

2. 课程结构

课程结构是课程内部有序的组织方式，符合内部不同要素、不同部门之间的规律。作为课程的核心组成部分，课程结构的合理性和严密性直接影响课程的有效性和教学效果。因此，设计一个既符合课程目标又能够吸引学生参与的课程结构是十分重要的。课程结构分为宏观课程结构和微观课程结构，微观课程结构指的是课程实施过程中要素和成分之间相互组合的细节部分，宏观课程结构是指课程在总体上的组合关系。在相关的学术领域中，学者们更偏向于研究不同课程的微观结构。美国杰出的教育家杰罗姆·布鲁纳（Jerome Bruner）和约瑟夫·J. 施瓦布（Josehu J. Schwab）进行过关于课程结构的研究。就学科理论而言，布鲁纳的结构主义更关注课程的内在构成，而非整体性质。布鲁纳认为，结构主义的应用主要是为各学科提供定义原则和规律方法的支持，并揭示内在的逻辑机制，以此表现出相互的作用。与布鲁纳相似，施瓦布也重视对课程微观结构的分析和应用。然而，与布鲁纳的观点略有不同的是，施瓦布从更为深入的层次研究了领域的结构主义本质，揭示了其内在具有的层次结构。

3. 课程特征

课程作为学校教育的一个组成部分，能够起到连接社会需求和学校教育的作用。课程必须能够满足社会需求，并在教学实践中以知识的形式呈现出来。课程具有以下特点：①课程是社会共同意愿在教育领域的体现，是经过大众选择后形成的。学校的教育目标是以社会的政治、经济和文化制度为基础，通过课程内容的呈现来实现。因此，学校要从社会发展的角度出发，设计本校课程。②课程是由各种不同要素有机组合而成的有序体系。课程必须包含设定目标、确定内容、制订设计方案、组织实施和进行评价等要素，这些要素共同构成了一个完整、有机的作用系统，各个要素之间不断协调和合理运用。③课程以既定、先验和静态的形式呈现。其中，既定指已经确定的，先验指先于经验的，静态指相对固定的状态。换句话说，课程是一种不依赖于经验而存在的预设知识结构。④课程是学习者通过接触一种新的知识体系来提高自身知识水平。课程处于外部的环境，需要学习者积极参与并通过不同的方式获取。

4. 课程分类

将课程按照不同的标准进行分类，然后划分出不同特点的课程，这就是课程分类过程。在课程领域中，有两种基本的课程类型，分别是学科课程和活动课程。随着课程理论的快速发展，涌现出一种新的课程类型——核心课程。因此，新的基本的课程分类体系形成了，其中包括学科课程、核心课程以及活动课程。学科课程注重以学科为核心，核心课程注重以学生的活动行为为中心，而活动课程则注重以学生个人为核心。此外，根据课程的本质特征，课程可以分为经验性课程和学科性课程；根据教学方式的不同，可以将课程分为综合课程和学科课程；据课程的优先级进行划分，可以将其分为必修和选修课程；根据课程的组织和管理机构归属的区别进行划分，可以将其分为国家课程、地方课程及校本课程。

（二）课程管理的构成

在学校教学建设中，课程管理是极为关键的一个环节，它主要包括课程建设和教学建设两个方面。

1. 课程建设

在课程建设中，我们主要探讨的是课程内容，其通常包含以下五个方面。

（1）课程目标

课程目标作为教育目标的直观体现，是课程建设过程能够圆满完成的关键。在课程建设中，课程目标具有至关重要的作用。它不仅能够引导和评估课程的实施，而且能够起到调节和协调的作用。课程目标具有指导作用，它为课程的其他方面，如内容、设计、实施和评价等提供了明确的基调和方向。

另外，课程目标还具备评估的功能，可以作为衡量其他工作是否合理、是否符合标准的有效依据，是检验能否按时完成预期目标的有效方式。

（2）课程内容

课程内容是课程建设的核心，它能够保障教学目的的完成和实现。近年来，对课程内容的研究主要有三种观点，分别是“教材中心论”“经验中心论”“活动中心论”。这些观点主张将重点放在“学科教材”“学生经验”“学习活动”上，以此来确定课程的具体内容。尽管这三种观点各有优劣，但在教学实施过程中，如果能够将它们有机地结合起来，就可以达到一个较好的效果。

（3）课程设计

具体而言，狭义的课程设计就是通过精心设计，将各个课程要素有机地联系起来，从而形成一套可行的教学方案，以实现课程的教学目标；广义的课程设计不仅包括了狭义的课程设计内容，还包括分析课程的主要内容和目标，研究课程中各个要素之间的互动方式和作用模式等。除此之外，一些学者从不同的角度出发，对课程设计进行了分析，不同角度的课程设计主体和受体也存在一定的区别。

（4）课程实施

当前对于课程实施的定义学界还未达成一致，但是主要存在两种观点。第一种观点认为课程实施是一个具体课程方案的落实，将其视为一种固定不变的流程化内容，一般用于自上到下的课程进度或者是改革的推进；第二种观点将一项课程落实到实际操作中的过程称为课程实施，这是一个随着课堂实施过程中的改革变化而不断变化的动态过程。在考虑实际情况时，课程实施是指从不同的地区教学经验出发对本地区的教育进行安排的过程。

（5）课程评价

根据课程的可行性、效力及教育贡献，可以对其价值做出评价。课程评价涵盖了两个方面，一方面是对于校内计划和组织的总体判断，另一方面则是针对学生学习成果的评估。换句话说，课程评估是利用课程具体实施情况判断课程价值的过程。课程评价不仅能够帮助学生掌握自己的学习状况，还可以在课程的实施过程中优化课程建设并实现课程目标。因此，我们应该及时更新课程评价的内容。

2. 教学建设

教学建设的主要探讨方向是如何进行有效的教学，通常包括五个方面的内容：理论基础、设定教学目标、设计教学流程、实现教学条件以及对教学效果进行评价。为了配合上述课程建设内容，我们还应关注教学目标、教学内容、教学设计、教学实施及教学评价这五个方面的内容，这五个方面与以上提到的五个环节要素相呼应。

（1）教学目标

教学目标是指在教学活动启动之前所设定的教学成效，是对学习者将要取得的学习效果的推断和假设。教学目标是教学建设的关键步骤，能够影响教学内容和与教学相关的内容。教学目标的设定应该是教学内容选择以及其他教学环节实施的核心依据。这意味着教学目标、内容和评价之间存在着紧密的相互作用的关系。

（2）教学内容

教学内容是在教学过程中动态生成的素材和信息，旨在促进师生之间的互动，并协助实现教学目标。教学内容不仅仅是课本和课程的内容，还包括学校期望学生掌握的知识和技能，以及监督学生的学习习惯等，即和教学过程中“教”和“学”互动所产生的所有信息相关的内容，也被称为生成性教学内容。教学内容包括学校为学生提供的所有教学资源，这些资源可以是有形的，如教材和设备，也可以是无形的，如教师的教学方法和技巧等，这些都可以用来满足学生的学习需求。

（3）教学设计

国外学者对教学设计概念的定义包括多种类型，如系统课程观、科学技能观和“最优处方”观等，而国内学者则提出了过程即程序、解决问题等不同观点。根据国内外学者的观点，教学设计过程应以教学目标为主导，并将教学目标作为基本的准则，包括对教学资源的配置和课堂实施方案的优化等，在整个系统化的过程中确保每个环节都得到合理安排。教学设计可以根据不同的教学层次进行分解，包括学段、学年、学期、单元、课时甚至是每个片段的教学设计。

（4）教学实施

学界关于教学实施的定义也没有形成一致的标准，但从另一个角度考虑，教学设计着重于制订整体的教学方案，而教学实施则注重如何实际运作和执行这样的教学计划。制订教学方案时需要兼顾教学目标、教学内容和教学对象，并要充分考虑教学环境中存在的差异，这比具体的教学方法更加复杂。教学实施是教学系统得以运行的核心和关键，其质量直接影响着教学目标的实现。因此，需要更深入地探究教学实施的执行与落实情况。

（5）教学评价

教学评价有广义和狭义之分。广义的教学评价是指对所有教学活动产生影响的原因进行评价。这种评价基于科学的方法和合适的评价标准和指标，并最终依靠实际的教学效果；狭义的教学评价是在特定的评价标准下，通过科学的教学信息搜集方法及合理的评价方法判定整个教学过程的价值。

二、高校课程设置与实施

（一）高校课程设置

高校的课程类型一般分为两种，一种是通识课程，另一种是专业课程。在课程设置方面主要考虑如何权衡和选择通识课程和专业课程，以实现课程目标。

通识课程更注重教授文化、科学以及社会不同领域的综合内容，以确保学生在学习过程中获得全面的知识和技能。通识教育旨在培养学生的知识结构，使其具备开阔的视野、宽容的态度、博雅的品格和丰富的情感。

通识课程主要指的是非专业性的基本知识内容，不绑定特定专业，也不以实用性为目标的课程。在通识课程中，重点集中于人文课程的讲授，如文学、历史学、哲学和逻辑学等。这些知识能够提高人的修养，实现人的全面发展。

专业课程侧重于学生对学科知识的掌握，强调学习科学化、理论化和专业化的知识，注重课程实用性。这些课程能够起到实际的教学效果，提供工具性价值，如理科与工科专业课程。专业课程更注重社会科学类课程而减少人文类课程的比重，更注重实际应用和操作经验，相对而言，较少涉及理论知识。

（二）高校课程实施

高校课程实施会受到多种因素的影响，如课程的目标以及教师的教育理念等。教学目标通常涉及学生和社会两个层面，因此在课程实施中，高校需要关注学生的个性和共性两个方面。

着重以个体为中心的课程，注重学生个性化发展。在课程实施过程中，注重发掘和培养学生的兴趣和个性特点，为此要根据学生的需求和爱好来安排课程内容。教学过程强调课程内容的创新性，鼓励学生自主探索和提出质疑来掌握知识。重视培养学生的综合素质，将教育过程作为关键环节。因此，课程内容和教学程序都不是一成不变的，它们不是僵化的固定模式。

突出社会本位的课程应该注重学生的共性需求。在课程实施过程中，应强调知识的传递，并更加关注学生获取知识的能力。教师常常将学生看作受到社会环境和教育影响的产物，他们认为人的根本性质是社会性，因此更为重视社会的发展需要。出于这个原因，教师更加注重在课程实施过程中强调统一性和服从性，重视培养符合社会需求的人才，按照社会发展的要求打造教育课程。通常情况下，课程设计具有固定的学习模式和方法，教师按照计划传授知识，按照既定的方式对待学生。

第二节　高校课程管理现状分析

一、课程编写活动不够完善

高校课程编写活动的主体可根据不同的层次进行分类：首先，第一类主体为单门学科的编制，这个组织的核心成员是大学教授，他们会联合其他教师和研究人员，一起完成教材的编写。其次，需要制订相关的专业教学计划。这个层次的主体通常是不同院系的领导，包括院长、系主任、学术委员会委员，或者是某个领域的知名学术专家。最后，进行按学院划分的课程编排活动。这个层次的组织结构通常包括由一些经验丰富的教师组成的学术委员会或者十分权威的学术组织。

随着各高校不断开展各种类型的课程建设活动，课程编写活动的重要作用也逐渐显露出来。编写课程的人员选择、课程目标的确立和课程内容的编写都是重要环节，但当前高校课程管理存在一个突出的问题，就是管理主体在各个环节中缺乏参与度。根据相关规定，高校开发和编写课程之前需要做好报批的工作。学校需要依据相关要求向有关人员做好批示工作，并审查教材主编的资格。尽管如此，高校在课程开发方面的管理范畴有时仅限于核准课程编写内容和确认主编的资格，忽略了对编写小组成员的资格审查。课程编写的质量受到参与编写人员水平的直接影响，其中一个主要的影响因素就是编写人员的课程素质高低。课程素质涵盖了多个方面，其中包括课程观念、课程知识水平、课程设计能力以及课程实践研究技能等。

二、课程实施系统的管理不完善，课程管理模式僵化

实施课程既是实践课程计划的过程，也是实现既定课程目标的基本方式。课程实施系统的管理是确保课程计划顺利进行的重要保障。

目前，我国的课程管理还有较大的进步空间，在少部分高校中，课程改

革还没有取得实质上的进步，导致在改革过程中虽然取得了些许成果，但是这些改革计划往往很难进行下去。高校采用了全新的完全学分制和弹性学分制开展课程的管理，允许学生自主选择课程，这种方法提升了教师教学和学生学习的自主性。然而，在实施过程中也出现了一些新的问题，如学生学习效果不佳、选课过于集中、班级人数影响上课质量等问题。因而，在这两种学分制的影响下，如果教师不重视对学生的指导，学生便难以按照原定的计划完成学业，从而影响学校的人才培养目标的达成。

教学过程是复杂而特殊的，它会受到教师教学水平、学生个人特点和校园环境变化的影响，因此课程管理者应该认识到教学过程的性质，并做好应对课程实施过程中出现的各种问题的准备。我国高校中设置的教务处负责安排具体的课程实施环节，但过去的硬性管理手段，如检查和监督就无法很好地反映广大师生的具体需要。目前，我国高校课程实施系统的管理还可进一步完善：其一，管理手段缺乏一定的灵活性。在我国高校中，常用的管理手段主要是行政性手段，包括评估、督查、部门规章等方式。这种方法可以方便学校的管理部门对课程进行管理，但缺乏一定的灵活性。其二，部分课程的设计缺乏科学性，课堂形式比较固定。高校课程正在进入综合化的阶段，有一些课程的体制和教学内容缺乏成熟的顶层设计，表现出无人管理的状态。

三、传统课程评价体系的管理存在明显不足

课程评价不仅能为学校和教师提供有用的反馈信息，还可以作为一种保障课程质量的方式。尽管传统的课程评价方式能够在一定程度上保障高校的教学质量，但在如今的学习背景之下，人们更重视倡导终身学习的创新理念，这种强制性的评价方式已经落后于社会的发展需要，不能激发学校和教师的创新精神，不能创新教育资源。这样的课程评价系统不能满足教学主体对信息反馈、评价标准、评价方法、评价内容等方面的要求。

在评价取向方面，传统的课程评价将重点聚焦在惩罚上，忽略了激励等正向的作用。这种评价方式可能会影响学生、教师的安全感，影响他们的心

理状态。在评价的具体内容上，传统的课程评价有时过于看重学生的考试成绩，不够重视学生的综合素质和个人发展水平的考核；同时，在评价方式方面，过于重视使用传统的测验方法，忽视了使用新的具体评价方法，而且评价手段不够多样化，主要评价手段是不同类型的考试。在评价的主体方面，评价主体的来源较为单一，忽略了那些有不同来源和方向的评价主体的价值；评价标准不够综合，不能对不同的主体采取多样的、有区别的评价，而是通常以学生的成绩作为衡量学习效果的唯一标准，忽视了评价标准具有的多样性。因此，我国的高校课程评价需要从实际情况出发开展改革活动。

第三节　高校课程管理的原则与意义

一、高校课程管理的原则

（一）人本性原则

“人本”顾名思义，就是以人为根本，以人为一切工作的中心和出发点，注重人的积极性、主动性、创造性以及潜能的发挥，实现人的发展、社会的进步。

高校课程管理必须以学生的发展为基本出发点，在建设学科体系、设置课程内容、明确本校的人才培养目标时，应该考虑学生的各种需求，不断创新课程教学方法和手段，扩充课程管理的内容，并努力构建应用性较强的人才培养模式，培养出综合素质较高的人才，以满足社会对不同人才的需要。

（二）目的性原则

目的能够为行为指引方向，并影响行为的总体价值观，从而影响整个行为过程。目的性原则能够从宏观层面明确高校的课程管理内容，为学校教学目标的实现提供保证，以促进学校的全面发展。

高校课程管理的目的性原则体现在以下两个方面：一是在分配高校各类

课程资源时，应该从确定好的目标计划出发；二是每个目标的实现都需要借助一定的课程资源作为支撑。

（三）系统性原则

高校课程管理是一个十分复杂的系统工程。这一系统内部的子系统包括课程评价、教学环境、教学主体等多个要素。保持课程管理的系统性，可以优化各个子系统之间的协同作用，实现整个系统在宏观层面上的目标。

高校在开展课程管理工作的过程中，需要从系统性原则出发，充分了解课程资源的内部构成要素及其特点和作用，以确保每个构成要素可以使用多种不同的方式进行组合。在组合课程要素的过程中，需要从不同学科和不同课程的具体状况出发，使课程资源的整体作用得以发挥。

（四）协调性原则

协调的目的是达到一种和谐、统一的状态，在协调的过程中应努力避免产生冲突和摩擦，最大限度地减少资源或精力上的浪费。鉴于高校课程资源配置不足的现状，高校应确保课程资源配置最大化。

高校课程管理的协调性原则主要包括了以下两个方面的内容：①外部协调，课程资源的配置必须和社会的具体需要相匹配。高校在明确办学定位和人才培养模式的过程中，应该从当地的实际需要出发，主动提供教育服务。②内部协调，指的是高校在安排校内课程资源的过程中，需要实现效率和公平的平衡，在保证效率的前提下，实现公平和公开的竞争，从而满足不同学科和专业的要求。

（五）可持续性原则

可持续性原则指的是在教学过程中注重对资源的利用，主要考虑的是长远利益而不是当前的利益。高校是一种社会公益性质的组织，其目的不是营利，因此在课程管理的过程中应该注意达到效益和成本的平衡状态。

在课程管理的过程中，高校必须平衡学校短期和长期的发展需求，确保课程资源实现可持续发展。高校不同类型的教学资源、教师资源和教室的硬件资源等，都是有限的资源，它们在使用的过程中一直处于损耗的状态。为了确保高校的可持续发展，需要在两个方面做出努力：一方面，应加强对课程管理的监管，将现有资源利用起来，推广教学资源的共享化，以减少过度建设和资源浪费；另一方面，高校要充分利用不同类型的课程资源，做好资源的补充工作，避免资源不足或短缺，从而确保高校资源的可持续发展。

二、高校课程管理的意义

（一）高校课程管理的理论意义

1. 有利于完善课程管理理论

课程管理研究不仅是一个研究领域内部的创新，同时也能够促进课程理论的相关研究发展，有助于完善课程的相关理论。我国一些学者很早就开始关注课程管理的相关理论，并认为课程管理理论和其他类型的理论一样，也是课程理论中不可或缺的重要组成部分。为了推动课程理论的不断发展，必须解决课程的一些基本理论问题。课程理论改革的发展，有助于完善课程管理理论。

2. 有利于推动高校课程管理研究的发展

高校教育管理和高校课程管理的根本目标是相同的，都旨在优化人才培养的过程，满足社会发展和高校发展的具体要求，达到更好的人才培养效果。高校教育管理的相关研究主要涉及高校的经费、政策制定等方面，也包括对学院内部组织的管理、后勤管理、教学管理、人事管理等。相比之下，高校课程管理涉及的范围更小，但需要解决许多烦琐的问题，如明确课程标准的内容、规定相关的职能。因此，开展高校课程管理的相关研究，与高校教育管理理论虽有交叉，但并不能取代对高校教育管理的研究，两者是相得益彰的关系。

（二）高校课程管理的实际意义

1. 有利于促进高校管理观念的转变与确立

一直以来，大部分高校采取的是自上而下的管理模式，因此学校未来的发展方向、学生具体的培养要求等都是由国家计划决定的，这种管理模式对高校的自主发展产生了一定的约束。现如今，对于人才培养的整个过程进行管理，成为一种新的管理观念。这一趋势在高校课程管理中得到发展，表明我国高校教育管理领域的思想观念也在不断进步。建立高校课程管理的相关理论，首先需要基于课程评价和课程设计等理论进行高校机构调整和人员管理安排，这样才能在高校课程管理方面取得进展，改变高校管理理念，从而推动新兴领域的发展。

2. 有利于促进课程行政的顺利转轨

20 世纪 80 年代之前，我国的高校教育行政管理体制运行模式是集中的管理体制。这样的管理模式能够适应新中国成立初期的情况，但是随着时间的推移和社会环境的变化，课程领域也发生了较大的变化。例如，课程要更为灵活，学校需要根据社会需求和发展趋势来明确课程的具体内容，这是学校课程管理必须面对的重要问题。随着课程管理研究内容的不断发展和变化，课程管理体制也会相应发生改变。通过课程行政转型的举措，可以增强学校的课程管理的实际效果，实现管理部门和学校课程设置部门的独立发展，从而明确各自的职能，达到提升课程管理水平的目的。

第四节　高校课程管理的创新发展策略

一、优化高校课程教材管理

（一）严把教材选用质量关

作为一种教学工具，教材是知识载体，能够起到培养人才、传授知识的作用。它既能够维持稳定的教学秩序，确保教学品质，还能够革新教学内容，引领教学发展方向。近些年来，我国高校教育规模不断扩大，学生数量不断增长，社会对人才的需求也变得愈加多元化，高校在培养人才的过程中也更加关注社会的需求。若想提升人才培养质量，就要对教材在教学中所发挥的重要作用有深入的了解，切实制订教材选用的质量标准。

1. 选用高水准的优质教材

高校应强化教材筛选工作，消除选择随机性问题，确保所选教材的科学性和合理性，适合课程教学活动。首先，需要规范教材选择程序，加强对教材选用过程的规范管理。高校在准备好教材的清单之后，需要经过各个部门的逐级审查和讨论，并且要得到有关领导的认可和审批。为保证所选教材的质量，审批过程中，相关人员必须按照教材选用原则工作，保证高质量的教材进入课堂。其次，为了确保优质的教学水平，必须选择质量和水平都有保证的教材。高校在开展教材的选择工作时，应首先考虑选用在国家层面和学科层面都获得认可的优质教材，以保证教学内容具有一定的新颖性和适时性。同时，要缩短教材使用周期，不断更新教材，尽量使用近几年出版的教材。最后，高校应积极引入那些具有一定学术研究价值的外文教材，并鼓励教师使用相关教材开展教学活动。

2. 建立反馈机制，淘汰劣质教材

监控教学活动中所采用的教材质量，这也能够起到保障教材质量的效果。要想建立有效的反馈机制，高校需要从课程的实践效果出发。因此，建议在每学期末，学校都要邀请教师和学生对目前适用的教材进行评估。若发现教材不符合水准要求，或是为学生的学习带来了一定的困难，则在下次订购教材时避免选用这些教材。此外，应该让学校内部的教学部开展评估活动，从更为宏观的角度出发掌握教材的质量。通过以上步骤，可以做好对教材的优化工作，从而保证教材的质量。

3. 提高教材管理队伍的素质水平和业务能力

如果想要提升教材的选用质量，需要从教材的管理队伍入手。教材管理人员能够为教材质量的提升作出突出的贡献。他们自身需要不断提升工作能力，能够全面了解不同专业的培养内容和方向，从而提出科学性的教材建设意见。由此可见，提升教材管理队伍的素质水平和业务能力是十分重要的，对于实现教学质量的提升至关重要。

（二）强化新形态教材的建设

新形态教材是以纸质教材为核心，以学习者为中心，充分利用互联网、虚拟仿真、二维码等技术，将纸质教材与数字化资源、教学资源库、在线课程等资源融合，精准服务教育教学和社会培训的教材新形态，是当前使用最为广泛的一种教材类型。它不仅能够方便学生阅读，而且还可以给学生提供后续的学习支持。数字资源在信息技术的帮助下，更新换代的速度较快，并且可以随时扩展知识面，供学生使用和学习。

1. 构筑数字化教育生态环境

新形态教材发展的时间并不长，还存在一些需要改进和完善的方面。所以，高校要重视对宏观数字环境的建设。这个数字化教育生态环境有两种类型，分别是硬环境和软环境。数字化软环境主要是使用主体的数字素养，然而当前大学师生对于数字素养的概念尚不明晰，对于教材形态更新的认知水平也不足。所以要让他们重新认识数字教育的内容，拥抱全新的思维模式，并在思维层面做出调整，只有这样，新形态教材才能够长远地发展。

数字化教育生态环境的建设，还需要考虑硬环境这一因素，硬环境包括运行稳定的网络信息平台、数字化教学设备、教育资源平台及全面化的技术支持体系。如果高校能够将数字化的教材融合到数字化的整体环境中，并与其他数字学习平台的体系相结合，那么就能够提升新形态教材使用的概率。

如今，学生获取学习数字资源的方式一般为网页浏览器，但此方法效率不能够得到保障，不利于学生提升自己的学习效率，同时也影响了数字教材的实际学习效果。因此，开发者需要开发出适合不同类型智能终端的程序，进而达到提升学生学习效率的目的。如果在应用程序中开展教学活动，那么新形态教材将会深刻影响传统教材的使用方式，具备明显的优势。这种方法能够让学生在学习过程中同步进行读书和记笔记，从而显著提升了学习效率。

相对于浏览器而言，智能终端应用程序的封闭性特征更强，因此可以达到保护知识产权的效果。

此外，开发者还可以结合特定的技术手段来屏蔽娱乐等性质的程序，让学生能够在学习时间内专注于学习，进而提升学习的实际效果。因此，在开发和运用新形态教材时，学校和教师必须使用智能终端应用程序。要确保开发的应用程序能够在不同类型的终端良好运行，并提供一致的用户体验，只有重视应用程序的兼容性，才能够保证终端的体验感。

2. 创建支持新形态教材的教学模式

目前，新形态教材的教学模式受到了高校教师的关注。教师在教学的过程中应该使用不同类型的教学方法，从而使不同教学方法的特点得到发挥，并且根据不同形式的新形态教材进行相应的教学设计。高校在推广新形态教材的同时，需要考虑到不同专业的学生具有不同的学习需要。以翻转课堂为例，在课上，学生主要通过探究性的学习方式来不断反思、消化、总结、巩固所学的知识，在课下的时间则用来开展自学活动。因此，高校应该更新教育和学习的环境，实现学生的自主式学习过程，而新形态教材正好为这一学习模式的转变提供了基础的条件。

3. 构建新形态教材立体化发展模式

目前我国新形态教材共有三种发展模式：一种是由终端硬件供应商主导开发，另一种是以网络运营商为基础进行开发，还有一种是由内容主体的供应商进行开发。三方都希望能够在开发的过程中占据优先的地位。然而，根据实践的经验来看，任何一个发展模式达到独占市场是很难的。根据未来的发展状况来看，新形态教材有着更新速度快、能够和应用程序的使用状况相结合、能够帮助学生在集中注意力的过程中提高学习的效率的亮点。只有将三方的力量联合起来，构建三对一合作的立体化发展模式，才能够达到提升新形态教材发展的效果，进而为教师和学生提供质量更高的课程教材内容和课堂服务支持。

（三）鼓励教师编写教材讲义

教材是课程的核心，提供了教学内容和教学思路。因此，高校应该积极组织教材资料的编写工作。对于具有省级和校级特色的相关专业来说，学校应该做好课程的计划工作，加强对讲义和教材等内容的监督，并做好相关材料的编写工作。高校在编写教材的过程中，不仅可以解决教学过程中的关键问题，还能够从根本上体现出地方的特色内容，从而提升教学的质量水平。编写教材可以促进教师专业发展。教师参与教材的编写需要认真钻研新课程理念和课程标准，认真学习课程理论，认真研究学生的特点。在这一连串的了解过程中，能够加深教师对教材的认识，也使教师对教学有更为深入的感触，潜移默化中增加了教师的底蕴，促进教师个人成长。

（四）提升教材管理工作效率

高校需要重视教材管理工作的日常开展。不断提升教材管理工作的硬件支持，合理分配教育教学资源，做好对高校教材管理人员的培训工作，并关注提升管理人员素质。高校需要持续发掘新的管理方法，加强对现有管理人员的培养，通过组织各种培训项目（如专业学习班、讲座等），在多种教学方式的帮助下提高教材管理人员的专业素养。

高校应进一步加强对教材管理信息化系统的开发工作，结合计算机网络相关技术，提升信息传输的便利程度，从而提高工作的效率。首先，建立信息化管理系统，充分利用网络技术的优势，实现高校教材管理的数字化。其次，在信息管理系统的帮助下，学校、教师、学生以及供应商等多个主体应及时做好工作的对接，完成教材的相关工作流程。最后，学校的教材管理人员可以向供应商反馈教材选择过程中出现的问题，提升沟通和信息共享的效率，以选择合适的教材。这有助于提高教学效率，并能够迅速看到成效。

高校应注重对技术管理人员的培养，以提升整个管理部门的信息化管理水平，通过培训、指导、知识补充等方式，为目前的教材管理人员提供信息管理培训的机会。此外，需要积极吸纳专业素养水平较高的教材管理人才进入管理团队，持续强化高校教材信息化管理团队的力量，提高教材信息化管理的整体水准。

二、实施人文引领的高校课程价值管理

（一）突出以学生为主的高校课程目标

教育的目标是要让学生在德智体美劳各方面得到全面的发展，成为一个全面发展的人才。高校应突出以学生为主的课程目标。

1. 课程应以培养自我实现的“整全人”为目标

“整全人”是指经过教育培养达到全面发展的个体。高校教育的目的应当是培养全面发展的人才，这个目标应该贯彻到每一个课程之中。传统的课程教育注重培养学生对专业知识的掌握，但却往往忽略了个人的全面发展。这种做法培养出来的学生个人发展是不全面的，发展方向相对较为狭窄。一些学生在职业能力和专业素养方面表现出众，但是他们的人文素养不足，缺乏理想和信仰。

因此，高校必须注重对学生进行“整全人”的培养，教学改革必须以“整全人”为核心目标，在教学过程中，既要注重学生的职业技能培养，也要关注学生的职业道德。

在制订课程目标的过程中，高校需要始终以“整全人”为根本出发点，以此防止在目标的制订过程中出现的形式化问题。在制订目标时，需要以学生为本。确定目标时需要尊重学生的独特个性、培养学生独立的人格、尊重学生个人的发展规律、提高学生的认知水平等。

2. 专业课程目标应体现人文性

综合来看，高校应以学生为根本核心，重视个体关怀。特别是在教授专业的课程时，也应将人文理念融入进去。课程中包含的人文性常常被人们所忽视，因此在教学过程中应特别注重这一点。

目前，高校专业课程目标的制定通常倾向于知识化与社会化，而往往忽视了专业课程中具有的人文性特征。专业课程的人文性不仅可以让学生学会探索真理，学习知识和技能，同时也能引发学生对人文感受的思考，如科学原理背后蕴含的精神、科学家的品德以及科学自身的美感等，都能够丰富学生的心灵世界。特别是在理工类专业课程的学习过程中，应当注重强调课程的人文价值，使学生在课堂中学习、收获知识。在教学中注重人文因素，培养学生的人文素质，能够促进学生个人的全面成长。人文专业的课程目标应该更强调人文性，在学习过程中应该能够使学生获得更为自由的发展。因此，在设计人文专业课程目标时，应注重对人文特质的培养，并充分发挥人文专业所具有的优势内容。在教授专业知识的同时，也要重视对学生人文素质的培养。

（二）凸显人文理念的高校课程内容

人文导向的课程价值取向在于培养全面发展的学生，课程的具体内容也应该帮助他们拥有一定的人文理念与信仰。

1. 优化通识课程中的人文课程设置

我国的高校越来越注重通识教育和素质教育的作用。在通识课程中，通识并不意味着应该学习所有领域的知识，而是应该学习适用于各种领域的一般知识。通识课程能够给学生提供较大的自由度，其中人文课程则是通识课程的主要组成部分。

在高校的课程安排中，通识课程的比例非常有限，而在通识课程之中，人文课程的课时又占比较小。大学生如果想要学习人文知识需要借助通识课程，但现在部分高校的通识课程人文类的知识不够丰富，这导致学生们所接触到的人文知识种类和数量不足。由此可见，高校应该对通识课程做出相应的调整，增加可选课程的数量，同时适当提高人文课程在通识课程体系中的总体比重。

高校应规范学校通识课程的设置标准，并安排有丰富经验的课程教师授课。此外，高校需要扩大人文课程的可选择度。除了开设传统的文史哲课程，高校还应注重对人文课程体系的完善，确保课程内容的设置更为科学，这样才能使得课程更好地符合学生学习的规律。

2. 提升专业课程的人文性

人文课程中的人文精神能够起到提升人文素养的作用，帮助学生更好地认识自己；社会课程则能够让学生更加了解社会的规律，使学生加深与社会之间的联系；科学课程具有客观性的特点，能够让学生了解具体的课程设置内容。高校应该促进这三种课程的相互融合，从而使得不同类型的课程之间建立广泛的联系，将课程落实在对学生的关怀之上，并努力在专业性的课程内容之中加入人文元素，并将这些人文特征的元素内容结合进课程的具体实施过程中，让专业课程凸显人文性。

（三）体现人文性的高校课程实施

课程的实施是将课程目标变成现实的过程，也是对课程内容的选择。在课程实施的过程中，要体现人文性。

在高校中，课程目标和课程的具体实施环节通常是一种理想的预期，它们旨在帮助学生掌握更多的知识、提升自己的能力、形成高尚的品格和素养。能否达到这些理想中的目标，取决于课程的实施是否能够成功。为了让课程能够体现人文关怀，高校需要注重课程的内容和教学过程，这是因为课程实施是一个具体的、可以不断创新的过程。因此，高校要注意确保课程实施能够使学生体会到人文性。

1. 课程实施应基于人的特性

人是教育的基础，故教育与人之间存在紧密的联系。教育与人的关系是十分紧密的，教育也是人类社会必不可少的活动。教育学研究的核心是人，因此在教学和课程设计中，应该有人性化的元素。只有深入了解人身上存在的规律，才能够从根本上实现个体的发展。

第一，实施课程之前要考虑到学生的个性化特征。人类具有主观能动性，拥有隐性的才智和潜力，可以不断发展。教师在授课时不应视学生为没有主动思考能力的工具，而应重视并激发学生内在的成长动力。

第二，注重培养学生的自我进步能力。人的潜力是无限的，人也具备可塑性。教育课程应当促进人的潜能发展，这是因为人是具有主观能动性的存在。因此，我们应以学生为中心，从学生的实际需要出发。

第三，重视学生的能动性。教育的核心在于对人的培养，人通过自我反思和与外部事物的互动完成教育。人不仅具有客观意识，更重要的是具备自主的能动性，因此，教育活动应该将主动性和被动性融合在一起。学生的自我反省过程也是教育的基本内容，其目的是通过教育帮助学生不断成长，从而达到自我提升。在授课的过程中，教师需要改变过度强调学生掌握知识以及将课堂互动的内容集中在知识交流方面的做法。相反，应该引导学生积极思考自己的学习和生活，将自己作为主体与周围的环境等客体建立联系，在理解客体环境的过程中更好地认识自己，树立正确的自我认知，获得个人的全面发展。

第四，要把注意力放在学生的感知上。这是因为人在努力提升个人水平时，需要吸收美学的相关要素作为能源。人体的构造体现了美学原理，人们能够在追求美的过程中意识到自身的不足，从而不断开展自我的完善活动。人的基本需求中包含了对美的追求。美是人类内在的本质特征，人也不断追求美。因此，教育的核心在于帮助学生认识生活中的美，并将这种美的要素注入学生的内心，满足他们天生对美的渴望。是课程实施中最为重要，但又经常被教师忽视的方面，学生对于美的需求是基础而必要的。

第五，重视学生相关的背景和环境。环境在人的自我行为中具有广泛的影响力。人在发展过程中能够受到环境的影响。环境对人具有塑造作用，使人具备了主动适应性。因此，学生在优质的课程创设环境中能够主动发挥自己的能力。学校和教师应努力为学生创造一个良好的学习氛围。学习环境本身也是一种隐性的课程，教育工作者应该意识到这一点，发挥环境对学生的积极作用。

2. 课程实施应促进学生智慧的生成

课程实施的根本目的在于培养学生的智慧，引导他们不断自我创新，实现个人的全面发展。在教学过程中，教师应重视师生之间的和谐相处，建立良好的学习氛围，重视学生的个人情感、经验和意志等因素，并使得这些因素在教学中得到充分体现和发挥。课程实施是一个非常灵活，能够符合智慧和思想相交融的过程。课程实施需要教师做好信息的汇总工作，但所有这些信息都应该以学生为中心。教师除了完成传统课程教学任务，还要使课程的开展更为灵活，不断地创新。

首先，课程不应仅限于知识的传授和学习，教师还应该为学生提供更为丰富的知识。从理论上看，知识的范围是有限的，但在人的感知范围内，知识似乎是无穷无尽的。除了传授课程知识，教师也需要引导学生获得更为丰富多样的知识。那么学生将不仅仅学习到新的知识，还能够获得智慧，从而成为一个更加全面的人。

其次，教师在课程教学中应努力培养学生的直觉能力，并促进直觉和逻辑的协同发展。由于人文课程中的直觉性较为突出，因此在课程体系的发展过程中应该加强建设人文课程。直觉是一种创造性思维，除了具有创造性，还具有易逝性、敏捷性、整体性的特点。直觉代表了右脑的感性洞察和判断能力。在教学中，教师应努力培养学生的直觉思维能力，促使学生积极思考，将知识运用到不同的领域，同时鼓励学生展开想象的翅膀，并尽情地表达自己的看法。

最后，在课程教学过程中，教师应该关注学生的质疑能力，并将质疑能力看作与聆听同等重要的学习方式。教师应该鼓励学生积极参与到课堂教学的过程中，积极质疑和提问，努力寻找解决问题的方法。质疑和知识的获得应该是并存的关系，发现问题是增长学问的关键，学生可以通过解决问题来获得知识。教师承认学生的质疑能力是十分重要的，因为质疑是学习中非常重要的能力。教师应引导学生培养质疑的思维方式。

3. 课程实施应注重隐性课程的人文熏陶

在课程实施中，隐性课程包含了一定的人文特征。高校中以人文为导向的课程不仅要注重显性课程之中的人文特性，也应当充分重视隐性课程中隐含的人文特性。这些隐性课程也是人文课程类型的一种。高校须注重校园文化的建设工作，重视隐性课程内在的人文熏陶。隐性课程在人文课程中扮演着重要角色，它是一种情感体验，能够培养学生的文化素养。

在课程实施中应不断挖掘隐性课程的潜力，然而，由于隐性课程没有形成完整的体系，其价值往往被忽视。隐性课程的内容包含了图书馆所收藏的书籍、杰出校友、校园建筑、科研设备以及教师的行为和言语等，这些因素都散发着浓郁的人文气息，在无形中熏陶着学生的情操。

在实施课程的过程中，教师可以充分利用学校内部所包含的隐性资源，为课程的内容增添更多生动、人性化的元素，帮助学生更全面地发展个性。很多高校的历史都十分悠久，在文化方面也独具特色，它们经历了历史的考验，并以深厚的历史文化为发展的基础，形成了独有的人文精神。尽管这些历史悠久的学校在日常课程的设置方面和其他学校没有什么差别，但是它们的隐性教育和文化是独具特色的。因此，想要了解一所学校的人文课程是否有所发展，可以从学校环境中的人文气息中判断。这种文化气息就属于隐性课程，身处校园中的学生在潜移默化中接受校园文化的影响，从而对他们的思想和行为都产生了积极影响。一些学校希望通过仿效哈佛的建筑特点来营造校园环境，以期校园氛围和哈佛风格看齐，这样做的目的就是构建良好的人文环境，利用隐性课程来提高学生的人文素养。

三、创新高校专业课程管理

（一）创新设置课程目标

1. 依据行业岗位需求设置课程目标

通常情况下，课程体系的总体目标是从整体的视角明确人才培养的专业方向，同时核心课程目标的制订也是以总目标为基础的，因此，依据行业岗位需求设置课程目标，是较为创新的视角。以旅游管理专业为例，高校旅游管理专业课程建设的总目标是培养具备旅游专业工作能力的人才。同时，社会中不同的岗位对人才职业能力的要求是不一样的，这也需要在课程设计中充分考虑能够胜任旅游行业岗位的复合型人才要求。在本科阶段，旅游管理专业的人才未来可能到旅行社、旅游规划公司、文旅集团和旅游酒店等企业的不同岗位就业，因此旅游院校应该根据学生未来就业的不同方向，分别设置不同类型的课程目标，并根据不同类型的专业核心课程，培养学生相应的岗位能力。只有在旅游管理专业的课程目标与岗位需要相一致的情况下，才能为学生提供符合职业要求的课程，并提高学生在就业市场上的竞争能力。

2. 依据学生发展需求设置课程目标

学生是课程建设的主要面向群体，因此在确定课程目标之前，应考虑到学生内在的发展需要。与此相反的是，课程目标制订通常是根据政府规范文件来的，注重知识的协调性，而对学生的个人发展需求关注不够。大学生个性较为鲜明，学生学习的目标和学习的需要都存在差别。因此，在制订课程目标时，应该考虑到学生个人的发展需要，以创造多元、全面的学习环境来促进他们的成长。高校可以按照学生的职业规划对学生群体进行分类，然后针对每个群体分别设定不同的课程目标。另外，还可以推行自由选课政策，让学生依据个人的情况选择具体的课程，以达到更为个性化的学习目标，同时提升教学效果。

3. 依据学科、学校和地域特色设置课程目标

尽管课程目标是指学生完成一个学习阶段之后应该要达到的具体目标，但当前各高校设定的课程目标还存在较大的提升空间。各高校的课程从整体上看差别较小，因此目标定位不够清晰。这样的情况导致各个高校的发展出现同质化现象，从而影响学校人才培养质量的提升。所以，高校应当充分利用自身特色，最大限度地满足各自的办学需要，以达到高校教育课程区别化发展的目的。一方面，各个高校可以利用自身的教学特色和专业学科背景，

将学校有关的资源纳入课程的学习之中。例如，北京第二外国语学院的语言专业具有深厚的学科背景，东北财经大学则是财经学科的主要发展基地，这些学科背景都能够为人才的发展提供资源。另一方面，各地的高校可以根据其所在的地理位置制订具有特色的课程内容，不同的地域具有不同的文化特色。例如，沈阳师范大学位于沈阳市，可以充分利用城市的资源和条件，并结合学校实际情况，为学生设定具有针对性的课程目标，以丰富学生的学习内容。

（二）精心凝练课程内容

相较于其他方面，部分高校学生不太认可课程内容的前沿性、难度以及实际应用性。因此，高校应该从课程内容的前沿性、难易程度和实际应用三个方面做优化的工作，合理设置高校专业课程的具体内容，进而从根本上满足学生的个人发展需求。

1. 实现新旧知识融合

教育领域存在一个重要问题，那就是高校各专业的课程内容没有得到及时更新。尽管高校已采取措施努力解决这一问题，但知识更新速度仍然没有跟上行业发展的速度。为确保课程内容处于发展前沿，首先，教师应积极收集与本专业有关的信息动态；其次，学生应该充分利用信息化时代的学习工具，及时掌握所学专业的行业动态情况；最后，教材是课程内容的重要组成部分，高校需要定期更新教材的内容，并在教学过程中引入电子教材，以满足学生学习的需要。

2. 准确区分重点难点

学生的学习情绪和学习效果在很大程度上取决于所学课程的难易程度。然而，目前在高校专业的课程设置中存在着重点不清的问题。部分课程在划定重难点时，只从宏观层面考虑了学科的内容，却没有充分思考学生个人的学习要求和社会发展的整体需要。因此，为了改善这一问题，应该根据高校专业课程的特性，明确各门课程中的重点和难点问题。一方面，教师应从课程的难易程度出发，详细说明课程中的关键问题，简要介绍常规知识，详细介绍重点知识；另一方面，教师在进行课程评估时，应该在面对不同难度的知识点时使用不同的评测方式，以确保学生能够更好地理解和掌握课程内容。

3. 紧密联系行业实际

高校学生通常较为重视课程的实际教学内容，但是在高校的专业课程中经常存在实用性不足的问题。所以，高校可以加强与行业之间的联系，提升专业课程的应用水平，一方面，教师可以做好理论课程的整合工作，提炼专业的重点内容。课程整合的内容不仅能够实现资源利用的最大化，还能够提升学生的学习效果；另一方面，教师可以在理论课程中加入实际的学习过程，通过实物演示、分配任务、模拟情景的方式让学生体会到实践的重要性，也就是将所学习到的理论转化为具体的技能，从而为未来的岗位实践奠定基础。

（三）调整优化课程设计

目前，高校应进一步完善专业课程的课程安排，包括合理划分课程类别的比例、科学设置课程的开设顺序。

1. 合理划分课程类别的比例

当前，大部分高校都按照公共课－专业课、必修课－选修课、理论课－实践课作为分类的标准。学校的内部课程设置呈现出金字塔结构，即公共课程的课程类型较少但课时较长，必修课和理论课较多，而实践课较少。选修课虽然数量较多，但是课时的占比较小。因此，学生出现了广泛学习但无法集中深入的情况，掌握的学习经验也缺乏实践机会，需要进一步调整不同类型课程的占比，使课程设计更为科学。首先，针对公共课程和专业课程在实施过程中出现的问题，可以适度整合公共课程的学习时间，以提高核心课程的占比。其次，就课程设置而言，专业必修课能够提升学生专业知识的素养，而专业选修课则有助于促进学生个性化成长。为此，应适当增加选修课在学生课程中课时的占比，以实现学生个人的全面发展。最后，可以在当前课程体系的基础上安排一些实践性较强的课程，并尝试创新实践课程的教学方式。同时需要协调专业实习的起止时间，根据不同课程特点安排不同类型的实习，以便更好地达到学以致用的目标。

2. 科学设置课程的开设顺序

为确保课程获得良好的教学效果，需要根据学生的发展规律和课程内容的理论顺序来确定课程的开设顺序。通常会按照渐进的顺序来安排，也就是按照从简单到困难、从抽象知识到具体实践这一顺序进行，以确保学习过程的有效性和适应性。具体而言，大一应安排政治、英语、体育等公共课程和其他本专业的课程；大二将重点安排具有较高理论性的专业课程；大三将安排更多实训类的专业课程，同时在大二和大三中应该将专业选修课程穿插进来；大四则主要安排实践性的相关课程，如毕业实习和论文撰写。只有这样，才能使得宏观的课程设计更有系统性，从而保证人才培养的高质量。

（四）完善创新课程实施

在高校课程实施的过程中，可以从提升学生能力素质、创新线上线下教学模式和强化第二课堂实践效果出发优化课程内容，有助于提升学生的学习效果，从而提高大学生的素质水平。

1. 注重提升学生能力素质

在实施课程的过程中，师生地位等相关问题引发了大众的关注。长期以来，人们一直认为教师是教学过程的核心，这种传统的观念影响十分深远。这种想法导致当前部分高校的课程实施过程仍然以教师的讲授为主，而学生则缺乏对知识的能动性认识，也无法对思维模式进行创新。因此，为了让学生自愿参与学习并实现个人能力素质的提升，需要转变学生学习的意识，将师生之间的互动原则贯穿到学习的过程之中。在教学方法上，应强调以学生为核心，注重学生学习心态上的变化，关注学生参与的积极性，并积极引导学生参与到讨论活动之中，以激发学生课堂学习的热情。另外，教师在教学过程中要根据课程的具体内容和学生发展的不同阶段选择相应的教学方法。

特别是要使用那些具有引导性的教学方法，如互动教学法、情境教学法等，以提升学生面对知识积极思考的能力。

2. 创新线上线下教学模式

随着数字化经济时代的来临，传统的课堂教学模式受到了挑战。如今，以“大型开放式在线课程（MOOC）+小规模在线课程（SPOC）”为主体的线上线下混合教学模式受到了高校的关注，并且微课、翻转课堂等教学技术也成为技术创新的前沿。这些新的教学模式和技术的引入打破了课程实施时受限于传统教学的现状。具体而言，在课程教学过程中可以采用“MOOC 视频讲授+教师课堂应用”的方法，做好线上平台的知识体系搭建，在线下课程中应做好相应的实践补充。此外，MOOC 提供了在线讨论、评价和作业布置等多方面的功能，使教师能够更精确地指导学生的学习。通过这种教学模式不仅能够使学生掌握更多的知识，运用更成熟的思维能力，同时也能够提高教学的整体效果。

3. 强化第二课堂实践效果

第二课堂的概念是在第一课堂的基础上形成的，对于高校开设的专业课程而言，学校可以通过社会活动、实习活动、联合培养等方式来构建第二课堂。在联合培养方面，还可以通过与国内外的有关高校建立合作关系，开展“校校合作”，共同建立人才交流和培养的平台。另外一个可行的举措是加强“校企合作”，将国际知名企业纳入到合作的企业范围之中，为学生提供更多的实习机会，以提升学生的专业能力，并培养学生的眼界。例如，为了让旅游专业的学生获得更丰富的实践经验，学校应积极与各层次的旅游及酒店企业合作，帮助学生开展实习活动。在实习期间，学生可采用“短期+轮岗”模式，简言之便是在最短的实习时间之内，就可体验多个不同类型的职位，以此提升人才培养效率，更好地满足旅游业的多元需求。在社会实践方面，可以组织同学积极参与不同类型的创新竞赛和专业竞赛，在和他人的比较之中发现自己的不足，进而努力提高个人能力。

（五）科学实施课程评价

当前高校的课程评价体系还有许多可以进步的地方，可以从时间和内容等方面进行优化，使学生更加认可课程评价体系，进而保证人才培养的质量。

1. 以行业现状为依托

目前，高校专业课程评价的基础还是成绩，不够重视对学生的专业实践技能、职业能力等其他方面的考核。因此，在学生群体内部普遍形成了“唯分数”思想，没有及时关注和培养他们的其他能力。为了更全面地评价学生的综合能力，高校应该从个人的能力出发，考核学生不同方面的能力。主要评价标准可以包括以下三个方面：①学生是否熟练掌握基础知识和基本技能；②学生职业技能、人文素养、服务意识、适应能力、创造力和合作精神等的水平；③学生的非认知因素，如意志力、品格、情感和个性等因素。只有创建合理的科学评价标准，建立多个角度的评价系统，才能准确地评估学生的个人成长，同时为学生提供个人全面发展的准则。

2. 以学生发展为宗旨

如今，高校专业课程评价一般仅采用书面考试的方式，然而，这种形式已不能满足学生日益增长的发展需要。以能力提升和发展为评估标准的过程性评价可以与总结性评价结合在一起，可以更有效地激发学生的学习兴趣和创新意识。目前，总结性评价主要还是依靠书面考试，主要表现为卷面考试和论文撰写等方式。将过程性评价纳入评价体系之中，能够丰富考核的形式，如让日常作业的提交方式更多元化，通过网络教学平台上传不同形式的日常作品作为日常考核标准；尝试创新考核形式，以专业技能竞赛的方式评价学生的职业技能水平，或者让学生完成情景模拟类型的任务来考查学生的个人技能；注重考核过程的实践性，积极推荐和引导学生参与学校组织的实践活动。只有将过程评价和总结评价统筹起来，既注重学习过程又关注学习的实际效果，才能发现学习中的问题，促进学生个体健康全面发展。

3. 以科学公平为原则

课程评价能够监督课程建设的开展状况，而评价时机是监控有效性的一个重要因素。目前，大部分高校采用了总结性评价的方式，评价时间一般有两种，分别是学习的中段时间和末段时间。这种评价方法存在两大缺点：第一，评价缺乏及时性，无法发现学生在学习中出现的突发性问题；第二，总结性评价一般使用纸质试卷考试的方式，并结合量化打分的方法评估学生的学业表现。然而，由于是某一位教师负责评分，所以这种方式容易出现不公正的问题。因此，我们应该将过程性评价和总结性评价的方式结合在一起，将质性评价和量化评价的共同优势结合在一起，从而构建一个科学、有效的评价体系。这样可以确保课程评价的公正性和科学性，更好地监督学生的学习过程，以提升学生学习的实际效果。

第三章　高校学生管理的实践创新

随着社会生活的不断变化和互联网技术的不断创新，创新学生管理工作成为高校的重要实践内容。这一章主要介绍了高校学生管理的概念、高校学生管理现状分析、高校学生管理的改进对策、高校学生管理的创新模式。

第一节　高校学生管理的概念

一、高校学生管理的含义

高校学生管理是高校为了达到人才培养的目标，按照国家教育方针和政策法规，组织协调学校内部的资源，对学生在校内外的学习和活动进行组织、规划、协调、控制的总和。

作为高校管理的重要组成部分，高校学生管理包含的内容是十分广泛的。首先，需要了解青年学生的知识、能力水平和心理上的特征，以及他们的个人爱好和社会环境对他们学习产生的深刻影响。同时，需要掌握对学生的教育管理方式。其次，需要探究教职工们必须具备的思想、文化和业务技能以及这些技能的培养方法。最后，还必须确立学生管理机制及通用管理的准则和方法。

高校学生管理是一项教育工作，它具有教育科学所包含的规律，同时也是一项具体的管理工作，具有管理科学所包含的规律。高校学生管理的目的是对高校学生进行严格管理，按照党和国家的教育方针开展管理活动，明确管理的最佳方案、计划和决策，并按照一定的操作程度开展工作，培养全面发展的专业人才。管理工作的具体内容涵盖了多个学科领域，因此，综合运用相关的学科理论来研究高校学生管理，可以使从事学生管理工作的人员应用系统的管理指导思想和有效的管理手段做好管理工作。过程中，要正确处理以下两种关系。

一是学生管理与规章制度的关系。学生管理要通过制定并实施规章制度来实现。教育部根据党和政府的教育方针、青年学生成长的特点以及长期以来的工作经验发布了《普通高等学校学生管理规定》，这是有关高校学生管理的一个基本的法规性文件。各高校应该根据自己的情况制定一系列章程和规定。高校学生管理的实践丰富了规章制度的内容，使之更加全面化、科学化。

二是学生管理与思想政治教育的关系。在强调高校学生管理工作重要意义的同时，不可忘记思想政治教育的重要保障作用。如果只注重管理的严格性而忽略了思想政治教育作用，或者只注重思想政治教育而忽视了制度管理的方式，这样的管理是不全面的。只有将管理和教育紧密结合起来，才可以确保管理有效实施。

二、高校学生管理的对象与任务

（一）高校学生管理的对象

学生管理作为高校管理工作的重要组成部分，其相对应的工作对象无疑是高校学生，从广义角度来看，这些学生应包括所有在高校求学的学生，即专科生、本科生、硕士生、博士生等。高校学生管理涉及诸多知识体系，包括管理学、教育学、青年心理学、政治学、人才学等，因而需要综合考虑多种政策因素、注重实践应用。其工作的焦点在于探究学生管理活动的本质及其内在联系，并关注学生管理工作的发展规律。

作为一门管理工作，一般而言，总要有相应的学科知识成为其所依循的工作方针。高校学生管理工作的研究内容应涵盖以下几方面。

一是对学科的理论研究。学科的理论研究涵盖了高校学生管理的多个方面，包括主要的研究任务、开展学生管理工作的指导原则，以及对历史的经验做好总结性的工作，将经验纳入理论体系之中。此外，需要移植和融合不同领域学科的理论来不断发展高校学生管理的基本理论。

二是对研究方法的探讨。为了研究高校学生管理是如何实施的，需要进行两个方面的研究工作，一方面是研究基本的思考方式和方法；另一方面是研究具体的管理方法和技巧。在管理方法和技巧方面，包括思想政治教育管理、高校学生社区管理、教学与学籍管理、校园文化管理（含网络管理）、奖惩制度管理、社会实践管理、社团管理、心理健康与咨询管理、就业管理、学生党员管理与党建管理、学生干部队伍管理、学生群体性突发事件的应急管理等方面的内容。

三是对组织学的相关理论进行研究。对于高校学生管理而言，这是一项系统性工作，能够发挥最佳的组织优势。这包括研究学生管理领导机制、建立一个高效的学生管理团队、探讨学生管理发展的现代趋势等方面，并需要在未来对这些领域的内容进行深入探索。

四是学生管理制度与国家法律法规、相关政策、教育法规、政治文明建设进程的相互关系以及相关政策法规和知识系统的研究。

五是学生成长规律、心理生理特点与管理工作的有机联系研究，青年群体之间相互作用关系与学生管理工作的互动共生研究。

（二）高校学生管理的任务

高校学生管理的任务不仅在于构建学生管理工作的相关理论体系，更重要的是深入探究并解决学生管理在本质上存在的矛盾，探寻学生管理工作中存在的共性规律，以在实践应用中更好地推进学生管理工作。高校学生管理的任务一般有以下几个方面。

其一，对过去时期高校学生管理工作进行批判性继承，借鉴国外相关的经验，吸收交叉领域学科的理论知识，建立符合社会要求的学生管理模式。我国作为一个有着悠久历史的文明国家，在学生教育和管理方面积累了丰富的经验，高校应该传承这一精神，并适时地加以运用。

其二，借鉴国外高校的学生管理工作经验，去粗取精、去伪存真、融会提炼、博采众长。这样才能构建起具有中国特色的学生管理理论体系，并以此来指导实践，形成有益于高校学生健康成长和成才的学生管理模式。

其三，加强科学研究，注重实践探索，不断发展学生管理工作的理论体系，推动学生管理工作模式平稳运行。尽管高校学生管理工作有着丰富的实践经验和悠久的历史传统，但就整体情况而言，还面临着许多亟待解决的问题，无论是从理论要求上，还是从实践需求上，都需要进行科学化、理论化、法治化的规范。高校学生管理工作者应从理论知识上对学生管理的内容进行研究，勇于探索管理新方法。在新时代背景下，高校学生管理工作者应准确了解高校学生管理所面临的新问题、新内容和新特点，努力用新方法、新思路和新手段去适应学生管理的新规律和新形势，使学生管理的理论与方式与时俱进，不断得到丰富和完善。

其四，以理论创新推动实践创新，促进学生管理工作的科学化、法治化和人本化。要想体现管理制度的科学化、法治化和人本化，高校不仅需要研究法律与青年学的相关理论，还需要研究管理学方面的理论，同时更应注重将管理学、法律学、青年学有机结合起来，形成理论上的创新，以此推动实践创新。因为高校学生管理是对青年的管理，这种管理要将这些有着一定知识的青年培养成德智体美劳全面发展的人才，换言之，这种管理的最高宗旨是要促进学生全面发展，使其成为社会的建设者和接班人。

第二节　高校学生管理现状分析

一、高校学生管理的问题

（一）管理方法相对陈旧

目前，高校学生管理大多仍采用向上汇报工作、向下传达精神的管理方式。其中，院系学生会、团总支、班委会及宿管中心等仍起着监督学生是否有违纪行为等作用。现在的高校学生管理模式下，部分大学生缺乏培养和锻炼管理能力的机会，只有少数学生干部有这样的锻炼机会。除此之外，部分大学生的自我管理实际上都是自发的，其效果并不是很好，不能把学生所具备的潜能完全挖掘出来，因此并不能在减轻工作人员压力的同时培养学生的综合素质。

目前，部分大学生的自我教育观念相对薄弱，自我服务意识和管理能力不强；容易感情用事，不够冷静和理智；虽然有较强的可塑性，但是容易受外界因素干扰；在生活以及学习上缺少独立自主的精神，有较强的依赖性，不能在短时间内适应新环境及要求等。产生以上这些现象的原因之一就是高校学生管理的方法相对陈旧。

（二）管理体制相对滞后

在不同历史阶段，高校学生管理面临着不同的外在环境，受到的影响也不同，出现了不同的组织结构和内在体系。20 世纪五六十年代，分散管理是这一时期内全国普遍使用的管理体制。到了 20 世纪 80 年代，专兼管理的管理体制逐渐萌芽，并逐渐被高校采纳使用。如今进入 21 世纪，随着时代的变化和社会的发展，高校管理体制仍存在一些问题和不足，如管理体制较为封闭、行政体系较为笼统等。

二、高校学生管理存在问题的原因

（一）学生自主权的扩大

由于学分制的实施，大学生拥有了更大的自主权。这种自主权的扩大尤其体现在学生对教师的选择上，极大地推动了学生管理向多元化方向发展。

当教学内容和方法无法满足学生“选”的需要时，教师应当对自己的教学行为予以审视，转变自己固有的教育理念，并增强自主学习意识，定期更新自己的知识，充分满足学生的需求，并提高教学质量。

一些传统教育方法抑制了学生的个性发展，使其难以发挥潜在的创造力，因此会出现学而无用的情况。随着教学管理制度的变革和发展，学分制、主辅修制、弹性学制等都发生了改变，学生的自主权得到了扩大。如今的大学生不仅摆脱了对学习的抵触情绪，还会把学习看作一种有趣的享受。教学管理制度的改革不仅为学生管理工作制度带来了新的发展机遇，同时也为学生管理工作模式的发展带来了挑战。

（二）高校后勤的社会化改革

近年来我国高校后勤的社会化改革取得了较大的进步，并获得了丰富的经验积累，这一社会化的改革成了高校教育的保障。高校后勤的社会化改革推动了学生管理工作的开展，但也导致了一些新问题出现。

其一，目前有许多学生都选择住在校外，呈现出大学生的成才环境社会化和生活社区化的新趋势。高校对大学生行为的约束力被削弱了。

其二，共同居住的学生群体相对而言规模较大，因此管理者在管理时会比较吃力。

从上述这两点问题来看，在短时间内建立起一个相对科学、健全、切实可行的管理制度，对高校学生管理工作来说，无疑是一个考验。

（三）就业形势严峻

随着科技、经济的不断发展，我国高校毕业生的就业制度也随之不断改革和完善，但仍有部分毕业生被残酷而严峻的就业形势所困扰。

如今，随着高校连年扩招，每年毕业生的人数也连年增长，而市场需求却没有明显的增加，导致就业形势较为严峻，高校学生就业压力大。因此，如何在这一时期做好学生管理工作，是每个高校必须面对的问题。

因为每位学生的个人背景和状况不同，所以他们在做个人选择时会有所差异。一些学生已经找到了相对稳定的就业机会，并愿意在该单位坚持工作。还有一些学生则不想马上成为上班族，他们还想继续学习深造，向着更高层次的学历迈进。此外，还有一部分学生既不想继续学习深造，又没有找到适合自己的工作，整天四处奔波。上述这些情况无疑为高校学生管理工作增加了难度。

第三节 高校学生管理的改进对策

一、树立科学管理理念

（一）以学生为中心

1. 强调学生的主体性

人在认识和改造自身与外部世界的过程中能够实现自我价值。在学生管理工作中，大学生不仅是被管理者，同时也可以作为管理的主体。高校要做好大学生的管理工作，就需要让大学生需要参与到管理中，包括管理的决策内容、管理的组织和实施。如果在管理的过程中没有大学生的参与，那么该管理工作可以说是毫无意义的。由此可以认为大学生是高校管理工作中的主体。

大学生既是高校学生管理工作的承担者，同时也是高校学生管理工作的受益者。所以，大学生应该是高校学生管理工作的核心和主体。这项活动的目的是为大学生提供相应的服务内容。因此，相关人员应该关注学生的个人发展，同时积极激发他们的主观能动性，使他们能够参与到管理的活动之中，并把自己当作管理工作的主体。

2.注重学生的情感管理

人具备感情和思维能力。高校学生管理者和大学生是组成高校学生管理工作的两个重要组成部分。简言之，他们是由“人—人”构成的管理系统。所谓情感管理，即管理者在管理过程中尊重学生的个性特点，以及考虑学生的情感因素。在学校中，情感管理强调教师与学生之间的双向情感交流，反对和防止任何践踏和伤害学生情感的管理行为产生。要做到“以情感人”，相关管理者就要在办事过程中做到急学生之所急，想学生之所想，真心实意地为学生服务。除此之外，还应当及时与学生进行沟通，争取在短时间内对学生的实际情况有所了解，从而有针对性地给予帮助和引导，达到最终的教育管理目的。

3.重视学生的自我管理

市场经济中有一个颇为重要的理念，即客户不一定对，但是，客户很重要。学生是学校的主体，这是不可否认的事实，因此学校应当以学生为中心。如果将上述所说的市场经济重要理念与学校教育结合起来，那么便可以得出学生不一定都对，但是，学生很重要这样一个理念。

尊重学生的个性化需要强调自我管理模式。该管理模式主要指的是学生在学校的正确指导下，运用现代科学的管理方法，根据学校教育的培养目标要求以及教育目标对自己的行为以及思想进行自我调控。要知道，激发学生的主动性、创造性和积极性是高校学生管理工作的重要目的之一。从多个角度来讲，高校学生管理的主客体具有相同的目标，即学生希望自己能够成才，管理者希望培养出优秀的学生。那么，在信息、经济和科技发展迅猛的时代里，学生管理工作应当向学生自主管理转变，以便更好地适应新情况、新形势。在此过程中，学校管理者要让学生了解学校的管理目标，从而消除学生在被管理的过程中所产生的消极思想，从真正意义上化管理为大学生的自觉行为。

（二）以引导代替限制

在社会快速发展的过程中，不管是自然科学还是社会科学，都出现了诸多新问题。面对这些问题，不论是学生还是教师，都会感到不同程度的困惑。这便说明了人们不能简单地给予某些事物绝对的肯定或者否定。

对于一些思维比较活跃的学生，管理者不应当去责罚或歧视，而是应当加以引导。师生之间也应当建立起相对和谐、良好的关系，心平气和地进行沟通，相互间进行平等交流和互动。

二、完善学生管理体制

完善学生管理体制可以从以下几个方面入手。

第一，不断加强和完善学生管理工作机构建设，同时强化其组织协调功能；进一步梳理学生管理系统的各部门以及层次、岗位职责等，做到各岗位人、责、权的统一。

第二，促进基层作用的发挥，适当放权。与传统高校管理体制有所不同，当前的高校管理体制担负了双重任务，即对学生进行思想教育和行政管理，且该双重任务主要以校、系两级职责分明和条块结合的学生工作运行机制和网络为显著特征。所以，基于该层面，各系基层部门应当具有开展学生管理工作的职责和权力，并做到责权统一。

第三，在适应学分制的同时，推行和实施年级辅导制。这主要是为了进一步强化以系为单位的年级管理，从而提高专业教学与班级管理间的融合度。需要明确的是，以上方法并不是在否认班级管理的作用。学生班级一般都是以学分制为基础的，因此，学分制应该也是学生管理体制的一部分内容。

第四，设立一个学生教育管理部，简言之，把各个部门兼职管理的学生事务交给学生教育管理部来处理。一方面，它有利于组建专业学生工作队伍，取消系一级对学生管理的中间环节，形成畅通的信息渠道，从而提高整体工作效率；另一方面，它将“小而全”转变为“精而专”，可以使学生管理工作形成一个相对专一的学生工作体系。

三、健全学生管理制度

（一）依法制定相关制度

在对大学生进行管理的过程中，高校应当根据相关法律来制定并实施各种规章制度。除此之外，高校还应当对现有的一些规章制度进行完善或者必要的清理。高校应当保留和继承之前有效的改革成果以及方法，摒弃那些无效或是效果不佳的方法，同时，还要使制度与当代社会法制以及依法治校原则的要求相符。最重要的一点是要使学生享有合法权益，这样才能切实体现出规章制度的价值。

（二）更正错误观念

将法律视为一种手段和工具，然后用它来处理一切事情或者治理学校的观念是片面的。部分学校总是把法治化管理错误理解为以法治校、以法代管。要知道，这里所指代的管理并不是管制的意思，而是管理与服务的统一。在管理学校的过程中，管理者除了将法律作为最高权威和依据，惩罚学生的违法行为，还能够对学生的行为做出正向的引导，鼓励合法行为，以及对开展思想教育。

四、改进学生管理方式

（一）学生管理工作进网络

1. 加强思想教育

提高大学生自控能力是有必要的。高校应当定期举办一些关于网络知识以及心理方面的讲座，针对学生上网问题，向学生进行正反两个方面的思想教育，从而使学生形成责任意识，让他们懂得分辨信息内容，增强他们分辨是非的能力。

2. 鼓励和引导大学生参加健康活动

经历过高考之后，大部分学生则会感觉大学相对自由，且在课程时间安排上比较宽裕，就会有诸多闲暇时间。高校应当充分利用这些闲暇时间，开展一些健康向上的活动，如计算机比赛、古诗词朗诵大赛、校园歌手大赛等，并鼓励和引导学生参与活动，使学生在闲暇时间既能放松心情，又能得到各方面的锻炼。

（二）学生管理工作进社团

1. 提高校园社团文化的活动层次

目前，我国在建设校园社团文化的过程中，出现了“三多三少”现象：社团名目多，但具有吸引力的少；娱乐型内容较多，涉及思考以及启发型的内容相对较少；校园内部的活动颇多，但能够使大学生得到锻炼的活动较少。造成上述这种现象的原因主要是校园社团文化活动层次较低，所以加强校园文化建设是有必要的。高校应当使其更符合大学生现阶段的理解和欣赏水平。

2. 加强对学生社团的管理

学生社团应当在法律、校园规范内活动，应当服从学校的各项管理规定。当学校社团需要邀请校外人员举行相关学术或社会政治活动时，应当经过校方同意。学生社团内创办的面向校内的刊物，须经学校批准，并接受学校管理。

第四节　高校学生管理的创新模式

一、大类招生背景下高校学生管理模式的探索

现在有很多高校都将大类招生的培养模式用在了本科教育之中，也就是在高考录取时不按照专业分类，而是按大类进行招生，且进校后的学生在经过一段时间的课程学习之后，才接着按照自己的社会需求与条件对专业进行选择。这种做法能够让学生的志愿更符合其专业的选择，也能更多地体现出社会需求的趋向。同时，该模式也密切关联着如今高校实行的学分制改革，

所以是符合高等教育教学改革趋势的，并且也具有人才培养的灵活性。目前，许多高校都开始实行这一模式。

大类招生可以有效地利用学校内部各个学科的优点，突破原有院、系框架限制，并打通相邻专业的基础课程，最终实现多专业的有机组合。另外，大类招生还能使单一的专业转化为复合型专业，从而加强新专业的建设，对学生进行全面培养。

此外，在大类招生背景下，在高校学生工作评价中导入 ISO9000 标准（质量体系标准）可以使管理制度更加规范化与科学化。ISO9000 标准适用于世界的各类组织，属于国际标准化组织所颁布的质量管理体系标准。ISO9000 标准，就是控制组织的工作过程，以确保组织的产品与服务对象等与管理、技术规范和法律法规等要求是相符合的。

高校学生工作组织的管理与服务对象为学生，那么其管理学生的过程就是动态的。即高校学生管理者对学生的管理是有组织与有计划的，所以适用于 ISO9000 的标准体系。

二、对美国高校学生管理体制的学习和借鉴

我国高校与美国的高校学生管理体制不同。我国高校的每个院系都会有管理学生工作的副院长和党总支部副书记，往下有以班和年级作为单位来对学生进行管理的年级辅导员。然而，在美国，学生管理工作的主要聚焦点是宿舍部门。该部门配备了多名正、副部长和助理等人员，且在其下设有专职管理员，负责对学生宿舍进行管理，并以学生宿舍为单位开展工作。

促使美国高校将宿舍作为主要的学生管理工作基地的原因就是学分制度。美国各高校是完全按照学分制运行的，在学生刚进校时并不会先分班级与年级，并且学生在刚入学的一两年中也完全没有系和专业的概念。对学生来说，集体宿舍是他们觉得较为安定的场所。所以，美国高校学生管理基本上都是以宿舍为单位的。

在我国，可以将管理体制形容为学院制，也就是每个学院都承担着学生管理、教学科研以及党政工作等全方位的职责；而美国高校管理体制则呈条状，每项工作都被细化为不同的条状，学生的生活被包含在宿舍部这一线条中，而教学科研则在系里的线条中。我国学生管理工作的基地主要是在学院、年级和班里，而美国的学生管理工作主要集中在学生宿舍。造成这些差异的原因是教育管理体制上的差异。

不难发现，我国与美国存在一个共识，即学生工作的开展需要有抓手在，其体现形式就是集体。我国高校抓的主要是学院、年级与班这样的集体；而美国高校抓的主要是宿舍的每一层与各个寝室。

我国高校的学生管理是有制度化这一特点的，美国高校也有这样一个特点。以学生宿舍作为例子，我国有各种宿舍制度，其中包含熄灯制、会客制、家具电器使用制和清洁卫生制等。我国高校和美国高校在规章制度的建立方面是有很多共同点的，都认为在教育学生时，不仅要展开说服工作，也应有一套相对完善的规章制度。

美国高校在管理学生时广泛地应用计算机。刚入校的学生在进入学校之前都要填写住宿申请单，并应写清楚自己希望住的宿舍、本人的生活习惯、对舍友的要求等，一般情况下是可以填报三个志愿。宿舍部门在收到这些申请单之后就会将信息输进电脑中，对信息进行分配后再将其反馈给学生。于是，学生在自己入学之前就能够清楚知道自己的宿舍是哪一个，同时还能知道舍友的名字、电话等。在这方面我国高校可以学习借鉴美国高校的学生管理体制。

三、依法治校，实现高校学生管理模式的法治化

（一）法治的主要内涵

1. 法治不同于法制

从意义角度来看，法治代表了按照法律规定行事的准则，而法制则指涉

及某一区域的法律体系或法制上的组织结构。法治是指利用法律和法律制度来管理社会的方式。这意味着需要法律和法律制度不断地实现各种功能要求，并不断更新和发展这个体系，进而形成一个完整的系统。因此，法治也被认为是法制的一个方面。

2. 法治是指依法管理

依法治校意味着将法律确立为学生管理的最高准则，而不是仅靠法律进行管控。高校管理者应不仅把法律视为管理学生的工具和手段，而是将其作为一种指导原则，以保证管理工作的公正与合法。

（二）高校学生管理模式法治化的必要性

1. 高校学生管理模式法治化是依法治国的重要组成部分

在我国社会主义民主和法治建设进程中，最为重要的一个环节就是建设社会主义法治国家，即依法治国。要将当前社会的各种关系纳入法治的范畴，也就是实现全面依法治国。另外，法治社会必须满足一定的客观条件，这意味着法治社会与其组成部分之间存在相互作用。

在遵循依法治国的政策下，学生与高校之间的关系发生了改变。以前，我国高校的运营经费主要依靠国家拨款，而高校管理者则拥有行政权力来进行管理。在学校内部，学生必须服从于上级的命令、指示等，形成了一种上下级的关系。如今，在高校全面实行并轨招生制度之后，学校和学生之间的关系逐渐演变为一种合同关系。学生可以自行承担学费，并且有权利自主选择职业。在教育领域，学校会征收学费，并提供教育服务。管理者的管理活动则转变为依据契约而展开管理活动。在这种情况下的高校学生管理工作中，学校更多地作为民事主体。尽管其中也存在着以社会公益为目的而展开的公法授权行为。无论怎样，学校的管理活动被纳入法治轨道是毋庸置疑的。

高校学生管理模式法治化，可以说是高校基于自身需求而产生的要求。高校不仅是学生学习、生活的重要场所，还是科技、文化的重要辐射源。作为党和国家重要的治国方针，依法治国以及建设社会主义法治国家，除了要求有一个相对完备的法律体系，更关键的是，需要确保所有公民不仅具备法律常识，还要具备一定的法律素养。高校为我国经济和社会发展培养出了一批又一批的高素质人才，这些人才所具有的法律意识和法治观念直接影响着他们在未来的社会生活中是否能够形成一种符合法律规范要求的行为方式。此外，大学生在社会中的言行举止将会产生较大的影响和示范作用。这就要求高校不断提高学生在学习、生活中的素质，养成遵纪守法的良好习惯，这对全社会的法治化发展有着极为重要的推动作用。

2. 高校学生管理模式法治化是培养创新人才的必然要求

高校的管理环境为创新人才的成长提供了肥沃的土壤。一个公平、有秩序的法治环境，能够使人挖掘自己的创造潜能。有些人认为高校学生管理模式法治化是给高校加上一些条条框框，是限制创造性发挥的行为，这无疑是对法治的误解。

在高校中创造出一个公平竞争的环境，可以为创新提供有力的保障，只有这样才能充分保护学生的创新积极性。学生在高校内所获得的经验将会对其今后的社会生活有重要影响。如果高校管理无法在制度上保障学生的权利，使学生在一个不公平的环境中进行竞争，就会对学生的创造力产生不可估量的影响。可见，为使高校培养创新人才的目标得以实现，就必须实现高校学生管理模式法治化。

（三）实现高校学生管理模式法治化的有效途径

首先，要想实现高校学生管理模式法治化，需要加快高校学生管理工作法治化进程。在高校学生管理工作中推进法治化，能够有效解决高校学生管理过程中的种种问题。长时间以来，高校倡导的教育理念是教育道德化。在实际的教育过程中，高校对学生的权利进行了规定和限制，但法律规范不足。在法治的前提下，学生和学校之间的关系是权利和义务的关系。因此，教育关系也属于法律关系，学校需要履行其法律规定的义务，尊重法律赋予学生的合法权益。

其次，高校需要建立正当的管理程序。在实际的高校管理过程中，必要的程序能够促进法治化的实现。

最后，高校需要形成合理的学生管理评价体系，从而保证学生管理法治化的实现。

第四章　高校教师管理的实践创新

高校教师是高校开展育人工作的重要因素，高校教师的质量水平在一定程度上体现着高校的教育质量。社会的发展变化以及当今时代高校学生与教师的新特点都表明了高校教师管理工作的开展与创新的必要性。本章主要从三部分展开论述，分别为高校教师管理的概念、高校教师管理现状分析、高校教师管理的创新探索。

第一节　高校教师管理的概念

一、高校教师管理的含义

在学术领域对高校教师的概念有不同的解读。J.H. 纽曼（J.H. Newman）认为大学是“教授广泛性学问的处所”[①]，大学的主要职能就是知识的传播和理智、自由的培养。K. 雅斯贝尔斯（K. Jaspers）认为大学是一个由学者和学生构成的，竭力追求真理事业的共同体，大学应追求文化涵养的创造。[②] 现有的诸多研究则赋予了高校教学、科研和社会服务等诸多职能，进一步丰富和外延了高校的属性。从高校教师的职业特征来界定高校教师概念，可以得出高校教师是一种专门性的学术职业。沈红通过对大学教师与学术职业概念的辨析，认为在中国的语境下，大学教师这一群体从事的学术工作属于学术职

① 纽曼．大学的理想 [M]．徐辉，顾建新，何曙荣，译．杭州：浙江教育出版社，2001．

② 吕素珍．现实与超越：大学教师理想角色形象研究 [M]．武汉：华中师范大学出版社，2012．

业的范畴，学术职业是以学术为生、以学术为业，学术的存在和发展使从业者得以生存和发展。①

根据《中华人民共和国教师法》，教师是具备专业知识和技能的从事教育教学工作的人员，其职责涵盖教学内容的传授和学生素质的提升。根据《中华人民共和国高等教育法》，高校教师必须遵守职务规定。高校的师资职位是根据学校的教学、科研任务需求而设立的。在教育领域中，有各种不同的职务等级可以进行设立，如助理教师、教师、副教授及教授等级。高校实行教育专家管理模式。高校的辅助教学人员和其他专业技术人才采用专业技能的聘用制度。根据我国法律的规定，高校教师被视为专注于教学工作的专业人士，在身份上与高校管理人员、教学辅助人员和专业技术人员有所区别。这一定义有着较为明确的界定标准。

本书给高校教师下这样一个定义：高校教师是指在全日制普通高校任职的专任教师，他们承担教学、科研任务和社会服务职责，具备法律属性、高校属性和职业特征。

高校教师管理是为了科学有效地管理和调控学校内教师队伍，以达到合理配置、开发教师资源，协调人际关系，全面管理教师队伍，实现高效利用学校教师队伍的目标。该管理部门使用专业的人力资源管理理论和方法，从聘任、考核、调配、培训到退休全方位管理教师队伍。

综上所述，高校教师管理的实质就是人力资源的开发与管理，其至少应包括高校教师薪酬管理与人事管理。

二、高校教师薪酬管理与人事管理

（一）高校教师薪酬管理

1. 高校教师薪酬管理的相关概念

高校教师薪酬是指在高校任职的教师因为工作劳动而获得的以工资、奖

① 沈红. 论学术职业的独特性[J]. 北京大学教育评论，2011，9（3）：18-28,188.

金以及实物形式支付的劳动回报，有时也被称作高校教师劳动报酬。它是国家或者学校基于教师的劳动而给予教师个体的一种经济性酬劳，其设计和管理与教师劳动的特点密切相关。

高校教师的薪酬管理可分为广义和狭义两个方面，但两者均涉及对教师工资的管理和监督。在高校中，管理教师的薪酬是一个重要的任务，被认为是广义高校教师薪酬管理的范畴，涉及高校教师的工资、奖金、津贴、福利等经济性劳动报酬分配的各个方面，既包括高校教师薪酬水平、薪酬体系、薪酬结构、薪酬形式等内容，还包括高校教师薪酬计划的拟定、薪酬管理政策的制定等整个高校教师薪酬管理过程。狭义的高校教师薪酬管理则是指高校教师薪酬制度建立后的操作实施，包括高校教师薪酬分配的计划、组织、协调、沟通、评价等实际管理和控制工作。

2. 高校教师薪酬管理的表现形式

高校教师薪酬存在着多种表现形式，通常包括工资、奖金、津贴和福利等基本形式。不同形式的薪酬代表着不同的管理理念。

（1）工资

工资是高校教师薪酬中的主要组成部分，是指国家或者学校对高校教师所承担的工作定期支付固定数额的金钱形式的报酬。工资通常对其他可变薪酬的设定有着重要的影响。工资是高校教师薪酬中最容易被接受的部分，因为对于高校教师个体而言，工资是薪酬中最稳定的部分，能够给高校教师的物质生活带来最稳定的保障；对于学校而言，工资是最容易计算和进行成本控制的教师薪酬部分。

（2）奖金

奖金属于可变薪酬的范畴，具有很强的激励性。高校教师薪酬中的奖金是指对高校教师工作中的超额劳动或者高于平均劳动质量的部分给予一定金钱形式的奖励。奖金与高校教师的工作绩效直接相关。当高校教师的工作绩效发生变化时，奖金的数量就发生变化。因此，奖金是高校教师薪酬中的一种典型的按劳分配形式。

（3）津贴

津贴是当前许多国家高校教师薪酬的一种重要形式，具有调节高校教师工作地域、条件等和激励高校教师工作的作用。它主要是用来补偿高校教师在特殊工作条件下的劳动消耗及生活费额外支出。当前，我国高校教师薪酬中的津贴常见的有生活津贴、职务津贴及职称津贴。生活津贴主要是为了补偿高校教师某些额外的生活费用支出而设立的津贴，比较常见的是寒暑津贴和物价补贴。职务津贴和职称津贴通常是给担任相应职务、具有某职称的高校教师，因现工资低于职务、职称等级而给予的补贴。

（4）福利

福利也被称为边缘薪酬，是为了维护教职员工的身心健康和生活安定而在工资之外给予的各种补助和优惠。它可以是金钱形式的也可以是物质形式的，还可以是其他形式的。例如，保险性福利、抚恤性福利、教育培训的福利以及带薪休假的福利等。高校教师具有带薪休寒暑假的权利，还有一些高校给高校教师提供午餐费、交通补助等，这些都属于福利的范畴。

3. 高校教师薪酬管理的理论依据与原则

（1）高校教师薪酬设计的理论依据

1890 年，英国经济学家阿尔弗雷德·马歇尔（Alfred Marshall）在他的《经济学原理》一书中最早提出了供求均衡薪酬理论。该理论认为，劳动力的供给和需求之间的关系决定了工资水平和各职业、行业以及厂商的雇佣人数；劳动的边际生产率决定了劳动力的需求价格，劳动者的生活费用决定了劳动力的供给价格；工资的均衡水平就是劳动力供给价格曲线和需求价格曲线的交点。供求均衡工资理论可以用于确定高校教师薪酬中的工资部分。

效率工资理论通常将较高的工资解释为组织为防止员工偷懒而采取的激励办法。支付高于市场平均工资有助于激发员工的工作热情，从而使组织实现更高的效率。效率工资理论认为，一方面，实行效率工资能够激励员工更加努力地提高工作水平和工作业绩；另一方面，还能够起到分选作用，吸引更加优秀的员工。效率工资理论可以在一定程度上用于确定高校教师薪酬中的奖金和福利部分。

补偿性工资理论最初由英国经济学家亚当·斯密（Adam Smith）提出。[①] 斯密认为，在做出工作决策之前，人们应该对该职位的有利因素和不利因素进行全面的考虑，然后选择出“净收益”最大的职位。基于这种认识，斯密提出在工资以外，公司应给予从业人员一些净收益性质的补偿，如应该基于工作的舒适程度、学习工作技能的难度和费用、责任、成功可能性等给予相应的收入补偿。换言之，如果工作舒适程度低、学习工作技能的难度和费用高、工作的责任大、保障程度低、失败的风险大，公司则应当给予从业人员必需的补偿。高校教师职业明显具有难度大、专业性较强、工作责任性要求高等特点。补偿性工资理论可以用于确定高校教师薪酬中的津贴部分。

公平工资理论的代表人物是乔治·C. 霍曼斯（George C. Homans）。他认为，分配报酬的比例应依据三个方面的情况加以确定，以促成工资的公平发放，具体包括：①一个人在某个活动领域中以一种获取报酬的方式从一个团体中获得的价值，应与他在另一个领域中为该团体贡献的价值成正比。②某群体成员从其他成员那里获得的报酬价值应与其投资成正比。③某群体成员获得的报酬应与其下属所有的领导代价成本成正比。

（2）高校教师薪酬管理的原则

高校教师薪酬管理应当遵循公平原则。公平原则是高校教师薪酬管理需要遵循的首要原则。它要求高校教师薪酬管理要体现内部和外部两个一致性，所谓高校教师薪酬的内部一致性是指高校教师的薪酬在本行业之中相同的付出要得到大致均等的回报；所谓高校教师薪酬的外部一致性是指高校教师同外部其他行业在劳动能力要求和劳动付出大致相当的情况下，其薪酬应当大致相当。高校教师“经济人”的一面驱使其必然在薪酬方面考虑投入和产出的比率来确认劳动的公平感。无论是高校教师薪酬内部不一致还是外部不一致都有可能导致高校教师降低其对薪酬的认同感和公平感。无论何种行业，

① 王凌峰. 薪酬管理：理论与实务[M]. 武汉：武汉理工大学出版社，2019.

一旦员工对于薪酬的认同感和公平感缺失就极可能影响到工作热情和对本职业的归属感，降低工作积极性。因此，高校教师薪酬管理应当确保高校教师薪酬总体水平不低于本地区其他高校教师薪酬的平均水平。此外，高校教师薪酬管理还需要考虑市场供求关系。一旦大量优秀教师流失将会严重影响到学校的教育质量，影响学校甚至整个教育事业的发展。高校内部教师工资的不一致同样会削弱教师对薪酬的公平感，从而影响教师工作积极性，最终影响学校长远发展。

总之，高校教师薪酬管理的公平原则要求体现高校教师薪酬的内、外部公平性，使薪酬的分配公平和程序公平得以实现。

高校教师薪酬管理应当遵循竞争原则。学校要想留住优秀的高校教师就必须在管理薪酬时考虑竞争机制，而不是考虑平均主义。高校教师薪酬管理的竞争原则实际上是其公平原则的延伸。公平不仅指横向的基本公平，还指纵向的效率公平。绝对的平均并不等于公平。

竞争原则旨在刺激高校教师努力提升工作能力和工作绩效。竞争原则中的部分内容属于内部公平的延伸。在一所学校内部，如果高校教师的薪酬都处于平均水平，则不会刺激高校教师的工作行为。如此一来，对于学校发展和教育质量提高而言没有正向激励作用。假如将高校教师也看成完全的“经济人”，高校教师只有将其投入保持在平均水平才能保证自己的投入和产出基本持平，投入过多则投入和产出的比率偏高；投入过低则容易受到领导的批评。

竞争原则中还有一部分内容属于外部公平的延伸。效率工资理论认为支付高于市场平均水平的薪酬有利于激发员工的工作积极性。一个教育质量在同行业保持领先的学校，可能会将内部的薪酬水平定位在市场的较高水平。这样该学校在寻求优秀高校教师时，容易因较高的薪酬水平吸引到优秀教师人才，从而保持或者进一步加大其对优秀教师的吸引力。

高校教师薪酬设计应当遵循经济原则。所谓经济原则是指用尽可能少的支出达到目的的原则。高校在提高教师的薪酬水平以吸引优秀教师的同时，必然也会给学校带来更多的成本支出。高校教师薪酬水平的提高也符合边际收益递减规律，即当高校教师的薪酬标准达到一定的水平之后，增加的薪酬对高校教师工作绩效、高校教师发展及学校发展的贡献程度会呈现递减的趋势。因此，高校教师薪酬水平应当被控制在合理的区间之内，而非越高越好。高校教师薪酬管理应当考虑薪酬的投入产出效益，即对高校教师投入工作和发展的激励作用。高校教师薪酬水平的最佳状态是高校教师薪酬的边际收益等于边际成本的状态。

4. 高校教师薪酬管理的作用

（1）高校教师薪酬管理的保障作用

从本质上讲，高校教师薪酬是高校教师的劳动力作为生产要素的价格形式，是提供劳动力生产要素的高校教师与作为消费者的学生在市场上达成的供求契约，消费者由于使用了高校教师的劳动力生产要素而对高校教师的劳动付出进行补偿。

对于高校教师而言，获得的薪酬为他们提供了维持自身基本物质生活需求的基础，同时也为他们提供了养育子女、赡养老人等方面的基本物质保障，补偿了他们在工作中所消耗的脑力与体力付出，从而使他们能够更积极地投入工作。根据马斯洛的需要层次理论，人只有在基本的生理需要得到满足的前提下才有可能追求上一层次的需要。[①] 因此，高校教师在基本物质需要得到满足的前提下才能够有更多的时间、精力追求高层次的需要，并且，在劳动分工程度较高的现代社会，薪酬还是高校教师追求更高层次需要的基本条件。

（2）高校教师薪酬管理的信号作用

高校教师薪酬的形式、结构、水平等实际上也属于表示一定含义的信号。这些信号隐含了高校教师管理的理念，能够对高校教师管理和发展起到一定的作用。

① 马斯洛. 动机与人格[M]. 3版. 许金声，等译. 北京：中国人民大学出版社，2007.

（3）高校教师薪酬管理的表征作用

一方面，高校教师薪酬总体水平的信号反映了社会对于教育行业和高校教师职业的价值认可度，高校教师薪酬总体水平越高，就表示社会对教育行业及高校教师职业的价值认可度越高，高校教师的社会地位也就越高；另一方面，在教育行业内部，某个高校教师的薪酬水平也反映了高校教师个体在行业内部的价值认可度和层次。

（4）高校教师薪酬管理的引导作用

高校教师薪酬具有的表征作用顺理成章地促成其引导作用的生成。一方面，从宏观角度讲，高校教师薪酬所表征的社会地位和社会价值认可度可以引导社会劳动力在教育行业和其他行业之间的流动。如果高校教师薪酬所表征的社会地位和社会价值认可度高于社会平均水平，就能吸引其他行业的优秀人才转到教育行业，从事高校教师工作。另一方面，从微观角度讲，高校教师薪酬在教育行业内部所表征的高校教师个体在行业内的价值认可度和层次以及高校教师薪酬结构所隐含的管理理念，共同为高校教师指明了努力和发展的方向。如果一所高校非常重视科研，那么该学校可能会在高校教师薪酬结构上体现出对科研的高度奖励，如此，教师便会努力提高科研能力；如果一所高校非常重视教育质量的提高，该学校则可能会在薪酬结构上体现出对教学质量的奖励比重较大，如此，高校教师便会努力提高教育教学技能，以提高教育质量。

（5）高校教师薪酬管理的激励作用

薪酬不仅对高校教师具有稳定和保障作用，还对高校教师工作积极性的发挥具有刺激作用。激励作用是高校教师薪酬的重要作用之一，这是因为激励本身就是管理的一种重要手段和方式。当高校教师薪酬管理中引入了竞争性要素时，薪酬对高校教师发展的激励作用将变得更加明显。因为在引入了竞争性要素之后，薪酬不仅是一种经济刺激，还表征了高校教师自我成就和自我发展的实现程度。对于高校教师群体而言，自我成就和自我发展的刺激对工作的激励作用丝毫不弱于经济刺激。因此，需要层次理论的提出者马斯洛也曾提倡学校应该提供能够满足高校教师最高层次需要的条件。[①] 薪酬管理可以持久地激励高校教师不断发展自我。

（二）高校教师人事管理

人事管理是高校教师管理另一个重要的方面。高校教师人事管理对于高校教师的成长具有积极且重要的推动作用。

1. 高校教师的聘任制度

改革开放后，市场经济的推进促使高校人事制度实现了积极变革。《中共中央关于教育体制改革的决定》于 1985 年 5 月发布。这项决定要求增强高校的自主权，减少政府对高校的过度干预。1986 年到 20 世纪末，为了满足高校教学和科研的需求，我国开始推行聘任制度，鼓励高校实行教师聘任制度。以前是由政府行政部门直接安排和任命，现在采用编制审批方式，并且根据编制管理原则进行职务聘任制度。建立并推广职务任免制度，将会带来身份管理模式的转变和编制管理方式的实行。若高校教师达到编制标准，即可享受与事业编制人员同等的待遇和薪资，且多数情况下可以一直任职并领取退休金。

进入 21 世纪以来，人事分配制度改革的持续加深导致编制管理的职位聘任制已经无法满足当前高校教师管理工作的要求。因此，基于职位管理的全员招聘制度成为时代的选择。高校实行全员聘任制，将工作职责、合同管理和考核评价有机地结合在一起。实施全员聘用制的前提条件是明确岗位类型和上岗条件。通过明确岗位类型和职责，可以引导教师规划个人职业发展道路，并确定发展目标，从而集中精力不断努力，以实现目标。为了顺利推进全员聘用工作，高校需要积极实践合同管理，促使教师履行明确合同义务和树立责任承担的意识。通过科学的聘期绩效考核可以激发教师的工作热情，实现以岗定薪、岗变薪变和多劳多得、优劳优酬。

① 马斯洛．动机与人格[M]．3版．许金声，等译．北京：中国人民大学出版社，2007.

2. 高校教师的培训制度

参加培训既是教师的一项基本权利又是教师的一项基本义务，是高校教师人事管理的一项重要内容，有助于推动全员聘用工作顺利进行。

高校教师的培训包括脱产培训和在职培训两种，此处主要是指在职培训。所谓高校教师的在职培训是指对已经在岗的高校教师在不脱离岗位工作的前提下进行有组织、有计划的再培养，其要旨在于满足在职高校教师的自身发展需要，提高高校教师的专业知识和技能水平。

3. 高校教师的人事管理制度

高校教师的任用、培训对高校教师发展乃至整个教育事业发展具有重要的意义和作用。高校教师人事管理制度对高校教师的发展起到了积极的作用，其中包括提高高校教师的专业化水平、监督和促进高校教师自我发展以及维持高校教师发展秩序三个方面。

（1）提高高校教师的专业水平

高校教师培训可以提升高校教师的专业化水平。高校教师专业化主要是指高校教师能够掌握其所教学科的教育教学知识和技能，树立高尚的职业道德观，具有自我学习和自我提升的意识和能力等。高校教师专业化是一个发展的概念，是一个植根于特定社会发展阶段的概念。高校教师专业化往往随着社会、科学技术的发展而不断提高其基本标准。高校教师要想提高专业化程度，必须要参加培训和不断学习。

（2）监督和促进高校教师自我发展

高校教师发展的需求来自内外两个方面，但最终需要通过高校教师自己的实际行动才能得以实现。高校教师虽有实现自我发展的内在需求，但并非每个人都能够自觉地付诸行动。因此，完全依靠高校教师自觉进行自我发展是不现实也是不应该的，还需要外部的制约和监督机制发挥作用。其中，高校教师薪酬管理对高校教师自我发展起到较大的引导和监督作用。

世界各国对高校教师的考核内容及考核方式各有不同，但基本都会将考核结果和高校教师的聘用、晋级、晋职、评优、薪酬等联系起来。在通常情况下，如果高校教师在工作中由于个人工作能力不足或者工作态度差等原因导致出现差错，由学校给予其一定的惩罚，违反法律者还将承担法律责任。因此，高校教师人事管理会促使高校教师不断地自我发展。

高校教师人事管理制度实际上既对高校教师的自我发展产生激励作用，又有一定的约束力。相关心理学研究表明，激励会增强高校教师的自我发展行为，而惩罚则会减少高校教师自我发展的懈怠行为。

总之，高校人事管理制度能通过激励和惩罚来达到监督和促进高校教师自我发展的目的。

（3）维持高校教师发展秩序

高校教师的发展是一个群体化的过程，不仅涉及个人的成长和进步，还涉及团队的发展和互相促进。只有高校教师团体发展了，教育质量才能够真正得以提高。而要想实现高校教师的团体发展和相互发展就必须形成一种良好的高校教师发展秩序。高校教师发展秩序的形成可以依靠高校教师个体的自觉，但更重要的是要形成规范的高校教师管理制度。

管理具有一定的权威性和强制性。通过规范的高校教师管理制度，高校能够形成有重点、分层次和有针对性地制订高校教师发展计划，科学合理地分配高校教师，促进高校教师的团队发展和个体发展。

第二节　高校教师管理现状分析

一、教师主体管理现状

高校与教师两个主体之间没有中间体，两者之间的管理渠道具有直接性，信息沟通也具有即时性，所以高校管理体制应根据实际的情况制定相应的教师管理机制。

能够体现教师的主体性是当前教师管理体制的最优效果。目前，在一些民办高校中，管理人员是以董事会的形式出现的，由于学校的日常管理都是基于教师的意愿进行的，所以能够获得教师的支持，从而高效地开展高校管理工作。从教师自身角度来看，调动了其积极性；从管理者的角度来看，也可以避免一些管理“死角”的出现，从而推动高校更好发展。但是，这种管理可能出现“各自为政”的情况，导致“众口难调”。

通过以上对教师主体管理现状的分析，可以发现，教师在管理体系中的角色定位必须恰当，教师的主体意识不能被管理者忽视。毕竟，教师是构成高校教师管理体制的主体，倘若过分强调“管”的因素而忽略了“参管”的因素，那么就很有可能使整个管理体制产生一定的反作用，从而不能发挥最有效的作用。

二、教师保障管理现状

教师保障管理是与教师的经济利益相关的一些体制和措施，主要反映在工资、福利等待遇上。目前的高校保障管理也随着其他方面的改革呈现出多样性。

（一）包干制

通常是针对一些有贡献的教师或领导成员，他们的工资与福利待遇相对高，如医疗费用等的报销，补贴不与实际的工作业绩挂钩，而是与职位和贡献衔接，并且工资也不以工作量为基础。这种制度可以激发高校教师的工作热情。

（二）定额制

定额制是指一些教师的工资与福利待遇是固定的，限制在一定范围内，不受实际情况的变化而变化。这种保障管理方式较为稳定，使教师提前了解到可望获得的薪酬，为教师指明了努力的目标，有很好的激励作用。

通过对教师主体管理、教师保障管理的概括和分析，可以发现我国的高校教师管理有必要采取适当的策略，将多方面的因素中和，然后通过实践寻找最佳的平衡点。高校教师管理必须以教师为本，与实际结合，配套具有实效的管理方法，实现高校教育的可持续性发展。

第三节　高校教师管理的创新探索

一、创新激励体制

（一）丰富激励方法以满足多层次发展

高校教师是高级知识分子，这就要求在高校教师的管理工作中，要丰富激励方法，以满足不同年龄、不同工龄、不同职称、不同社会关系的高校教师的发展诉求。

1. 目标激励

目标是个体在各种行动中追寻的期望结果，是推动个体动机的重要因素。目标激励的核心在于通过设定与学校目标紧密相关的合理个人目标来激发教师的内在动机与积极性。因此，目标的设定是实现目标激励的关键所在。教师的需求可以分为三个方面：满足日常生活所需、承担工作职责所需以及追求个人价值实现所需。教师追求的最高目标是满足自我实现的需求。除了关注教师生活和工作方面的需求，学校还应该重视教师个人成长，让教师在个人需要得到满足的同时达成学校的目标。

2. 物质激励

物质需求是满足其他高层次需求的前提，只有满足了基本的物质需求之后，人才会追求更高层次的需求。为了实现这个目标，需要努力提高教师的生活品质，其中包括要解决工资、住房、医疗保健等方面的问题。为了激发教师积极性，高校需要确保薪酬公正且有竞争力。公正并非一成不变的公正，而是相对公正，不能实行平均主义，应该按照统一标准奖励或惩罚所有教师。教师的薪资应该与其工作贡献、职衔、授课时长和教学质量相关联，适当扩大不同级别和类别教师之间的薪资差距，以确保工资按照贡献合理分配。为了增加教师的工作动力，可以考虑建立与学术成果挂钩的津贴制度或实行年薪制度，以此使得教师能够专注于教学和学术研究，不被经济问题所困扰。

3. 培训与发展激励

培训的激励价值在于它可以满足教师对于自我提升和成长的追求，是教师个人最高层次的需求。高校应积极寻求有效机制来使教师的培养、培训、管理三个方面相互融合，以便提升教师整体水平。为了向不同类型、学术能力和任务需求的教师提供有效的培训，应根据其个性差异，量身定制不同的培训方案和培训方式。对刚刚加入高校的年轻教师可以借鉴美国高校的经验，采用导师制和助教制，同时建立一个专门的青年教师导师制度。学校可以让有丰富教学经验的教师来对年轻教师进行教学实践培训。对于那些在学术界已获得一定声誉和成就的教授，建立学术网络非常关键。为了推动教师培训工作的信息化建设，可以采用不同的培训方式，如设置短期和长期培训班，利用业余时间进行培训和系统学习，进行校内培训和校外进修，并充分利用现代信息技术的优势。可以采用多元化的教育培训方式，如教师职前培训、教育课程学习、分享教学研究经验的公开课以及开展青年教师授课比赛等活动。另外，还可以激励教师自发地参加各种学习活动，如编写教学总结或个人发展计划，这样就能够让教师自我提升并不断成长。

（二）构建合理考核机制以确保公平性

一些国家和地区已经建立了一套科学规范的高校教师教学质量管理体系。例如，美国和英国在对高校教师进行教学评价时，通常会从学校和教师两个角度入手，综合考虑评价结果。专业与组织发展联络中心是美国最早的组织机构之一，致力于提升高等教育领域的教学质量管理水平。该组织颁布了一系列规范和准则，对各个高校的教学进行监管和管理，以促进高校教学水平的不断提升。另外，一些社会团体也参与到高校教学水平评估中来，他们开展评估活动并发布与之相关的精品报告，以推进高校教学质量的提高。

我国高校创建高素质教师队伍的关键是建立一套科学、合理的高校教师考核评价体系，改革与创新高校教师考核评价机制，以确保公平性，从而激发教师积极进取和竞争的意识，使教师的综合素质不断提升，最终推进高水平大学建设。

教师考核评价应权衡定性分析和定量研究。高校教师考核评价系统庞大，运行起来比较复杂和困难，主要体现在教学科研等指标难以量化。因此高校应建立科学的考核评价指标，对教师量性方面的工作内容予以考核，同时又要考虑到教师教书育人的天职，在考核指标的设置过程中，注意针对不同岗位特点进行岗位定性分析，科学设置定性与定量的考核权重，合理设置高校教师考核指标体系。

对教师的评价应该是灵活多变的。高校应该建立以任务为导向的人员聘用考核方式，促进不同类型人员的流动。引入竞争机制，综合考评绩效，实行优胜劣汰，激发教师的创新活力，建立符合学校事业发展的流转退出机制。依托学科平台，探索和实践“人才特区”制度，构建新型组织模式，赋予高层次人才、团队更多的学术自由和自主权，使其在可能的范围内享有更多的自我管理的权力和自我更新、自我推动的能力。

实行教师分级分类考核。可将教师分为科研型教师、教学科研型教师、教学型教师，同时设立理工学部、数理信息学部、工程学部、经济管理学部、人文社科学部等学部评议组，教师考核由学部评议组进行组织评价，明确相应职务的业绩考评条件。

（三）贯彻以人为本理念以激励自主管理

以人为本管理理论强调以人为出发点，将人的内心需求和动机作为管理的核心，满足人的物质和精神需求，尊重每个人的人格和尊严，从而激发人的潜能和动力，推动组织的持续发展。高校管理应贯彻以人为本理念以激励教师自主管理。在管理过程中，高校应该注重关怀、信任、理解和尊重教师，这样才能够激发他们的热情、主动性和创造性，从而提高工作效率。高校应致力于为教师全方面的自我发展和实现提供条件和机会。在追求组织目标的同时，鼓励个人多方面成长和实现自我价值。

高校教师管理中的核心理念是以教师为本，这是基于以人为本管理理论的延续和体现。高校教师作为高级知识分子对自我成长的要求较高，这表明高校需要考虑教师的全面需要，不仅局限于满足基本需要，更要重视满足他们追求自我实现的高层次需要。

二、完善“政府—高校—教师”三位一体管理制度

我国部分高校长期存在一种问题，即高校教师管理效能不高。这是因为高校在教师管理过程中过度强调行政管理，使得管理过程过度行政化，从而降低了管理效能。要提高管理效率，高校需要意识到管理既具有行政属性也具有学术属性，必须在管理过程中平衡行政权力和学术权利，以解决可能出现的行政主义倾向。高校需要将行政管理机制改革尽快整合到内部治理结构改革当中，通过机构职能的调整和管理结构的优化来建立完善的行政管理体制，该体制应包括一致的责任与权利分配、合理的工作分工、科学的决策制定、先进的执行手段、顺畅的执行程序以及有效的监督机制等内容。

高校教师管理的制度应该注重倡导“大学自治”“学术自由”“学术本位”等理念，同时应充分尊重教师在行政管理中的权威地位和作用。此外，高校还应该尊重市场经济规律，并提倡和政府之间的良性互动。将高校管理放置在更广泛的社会、市场、文化、组织和历史等宏观环境下，可以降低行政机构的权力和责任。虽然行政管理部门有管理职能，但要提高高校管理效能，则需要保障和实践大学自治和学术自由。建立政府、高校和教师之间的合作管理机制，能够实现三者之间的良性互动。

三、营造和谐工作氛围

高校教师管理的理念直接影响着学校的管理模式，能够营造出和谐的工作氛围。高校管理效能会受到多方面的影响，包括学校管理理念、科学性、适应性等因素。这些因素都是至关重要的，因为可以对高校发展产生积极或消极的影响。高校的管理方式与其他机关单位有所区别，除了常规的行政管理工作还要兼顾学术发展。这表明，高校应当全面重视学术管理的重要性，积极提高自身的自主管理能力，倡导学术自由。此外，高校应当积极运用现

代化的管理技术和工具，系统地规划和推进管理工作，创造一个符合高校发展需要且具有积极作用的和谐氛围。

高校可以利用多种宣传渠道，如校园网站、宣传栏和校报等，采取新颖且容易理解的方式宣传、推广师德教育，以打造出具有典范作用的教师形象。同时，还应该重视、肯定那些表现出色的优秀教师代表，从而营造出浓厚的师德学习氛围。

第五章　高校教学质量管理的实践创新

本章探讨了高校教学质量管理的实践创新，主要从三个方面展开论述，分别为高校教学质量管理的概念、高校教学质量管理体系的构建、高校教学质量管理的创新措施。

第一节　高校教学质量管理的概念

一、高校教学质量管理的含义

（一）教学质量的含义

狭义的教学质量指的是课堂教学的优劣程度。例如，一位数学教师在教学过程中，按照教学大纲和教科书的要求进行教学，完成一定教学任务所取得的成绩就是教学质量，即教学完成程度的一种体现。人们通常所说的教学质量多指这种狭义的教学质量，如果单纯以此来衡量教师的教学水平就不够全面合理了。

学校进行道德教育、智力教育、体质教育、美学教育工作的质量和学生综合发展的情况就是广义上的教学质量。这种教学质量的评价依据是多方面的内容，如党的教育方针是否被全面地贯彻执行，学生的身心是否得到了全面的培养和发展，学生在德智体美劳方面是不是在原有基础上得到了大幅度提升，学生毕业后工作或升学是否满足社会发展和经济建设的要求等。教学质量好体现在毕业生为社会发展和经济建设服务得好，有系统的文化科学知识、很强的自学能力、崇高的思想境界、高尚的道德品质和强健的体质。衡量标准是学生日后在社会上所起的作用，是否成了有理想、有道德、有文化、守纪律的优秀青年。因此，分析一所学校的教学质量，不仅要看考试成绩，还要看教学质量。

（二）高校教学质量管理的含义

高校教学质量管理的目的是在实现教学过程中有效管理并控制有关人员和各种因素，防止教学出现差错或失误，同时逐步提高教学水平。因此，教学质量管理的实施对于提高高校教师教学水平具有重要的保障作用。高校管理者应将教学质量管理的重点放在平时的形成教学质量的全过程和各环节上。

（三）教学管理与教学质量的关系

学校对各个方面实施的管理就是教学管理。在设立了具体管理目标的前提下，学校通过教学管理手段对整个教学工作进行有序的调节和控制。教学管理的所有环节都与教学质量有密切的关系。无论是教学任务的安排还是教学质量的评价等都属于教学管理的范畴。例如，查看教学方法是否先进、授课内容是否新颖、是否做到了将理论与实践有效结合起来、学生的学习水平是否稳步提高的教学跟踪监测就是教学管理中的一种监督手段。全面提高教学质量是教学管理的工作重心。高校应重视教学管理体制的改革和完善，创造和建立新型的教学管理制度，从而促进人才的培养及其素质的提高。

二、高校教学质量管理的主要内容

第一，高校应进行宣传教育，做好思想工作，增强他们的质量意识，做到人人关心教学质量、个个参与质量监督，认真负责地做好质量管理工作。

第二，高校应建立和健全教学质量管理体系。校长应负责组织所有与教学质量相关的人员进入教学质量管理系统。每个人都应充分履行自己的岗位职责，充分发挥自己的岗位职能，使上下左右信息渠道畅通。

第三，在每学期开学之前，高校应吸取上一学期的经验教训，提出新学期的要求和目标，实施相应的计划。

第四，高校应检查各职能部门、各教研组、各班级的实施情况，控制和调节影响教学质量的各种因素。

第五，高校要充分了解和掌握教学质量的情况，要用数据说话，不能停留在用事例来说明问题上。

三、高校教学质量管理的分类

（一）预防性质量管理

预防性质量管理主要指校长、教导主任、教研组长通过抽样检查及时了解教师备课、上课、批改、辅导的质量，及时了解学生预习、听课、复习、作业的质量，从中总结经验，及时总结推广；发现问题，及时研究解决。这种管理可以防患于未然，也可以避免在升学考试前再去“亡羊补牢”，可以防止和减少教学中的倾向性问题发生。所以，预防性质量管理是稳步提高教学质量的一种可靠保障。

（二）鉴定性质量管理

因为鉴定性质量管理是管理者到了一定阶段后所进行的质量检查和质量分析，所以又叫阶段性质量管理。例如，在新生刚入学后，有的学校进行摸底测验或编班测验，及时了解学生在上一个学段完成学习任务的情况，并及时进行补缺补漏；有的学校在每个学年对学生德智体美劳的发展情况进行全面的分析评定，并总结经验、教训；有的学校对毕业班学生德智体美劳等方面的发展情况进行质量检查和质量分析，并总结经验教训，以上这些做法都属于鉴定性质量管理。

（三）实验性质量管理

在教学质量管理过程中，许多做法都要经过科学研究和科学实验，只有被证明是切实可行、行之有效的，才能被逐步推广。这样做，不仅能够让高校管理者提高自觉性，减少盲目性，学会按照客观规律办事，还可以防止挫伤教师的积极性的情况出现。如果高校管理者见到新方法就直接拿来用，而不经过研究和实验，很有可能会在实施过程中出现各种问题，从而造成资源和时间的浪费。

四、高校教学质量管理的原则

（一）坚持以教学为主

实践证明，坚持以教学为主的原则是符合教育工作规律的。1953 年，教育部提出学校以教学为中心，在以后的几年里，各高校领导自觉地坚持以教学为主，全面发展学生的德智体美劳，逐步提高教学质量，培养了一大批人才。1959 年，我国重新提出学校以教学为主，之后又进一步总结经验教训，明确了大、中、小学的工作条例，继续贯彻以教学为主的原则，各高校的教学质量得到了显著提高。

高校以教学为主是由学校本身的性质、任务决定的。教学是高校的根本任务，就像生产是工厂的根本任务一样。高校的这种性质、任务决定了教学工作是高校工作的中心，是处理矛盾、全面安排工作的出发点和落脚点。当然，坚持以教学为主，并不是一件轻而易举的事情。高校必须端正办学指导思想，提高科学管理水平，改进工作作风和工作方法，这样才能切实做到以教学为主。

一所学校内的各班级、各学科发展不平衡的状况说明，要切实做到以教学为主，就要使全体学生在各个方面都得到发展。此外，还要提高教师的思想水平、业务水平和教学水平，充分发挥教师的主导作用。

（二）坚持实事求是

实事求是是做好工作必须遵循的一项重要原则，也是学校实行科学管理的一项重要原则。高校应遵循科学的原则，实事求是、客观准确地分析和评价教师的教学质量，以引导教师注重课堂教学效率，积累经验，找出差距和不足，改进教学方法，发挥教学质量管理的引导作用，达到提高教学质量的目标。

（三）坚持思想政治工作优先

高校管理者是师生的带路人。一所学校能否按照党中央和国务院指引的方向前进，成为社会主义精神文明基地，要看管理者能否做好思想政治工作。在教学质量管理工作中，学校管理者应该明确思想政治工作的地位和作用；明确在新的历史时期加强思想政治工作的重要性；还应该明确，在学校里，思想政治工作不能离开以教学为中心的轨道而孤立地进行。

第二节　高校教学质量管理体系的构建

一、构建高校教学质量管理体系的必要性

（一）经济发展的必然要求

要提升经济发展水平需要在两个方面做出改变：第一个方面，经济体制需要进行改革和转型，以完善社会主义市场经济体制；第二个方面，高校需要改良现有教学质量评估方式，探索符合新型经济体制需求的高校教学质量管理模式。

根据我国当前高等教育的发展趋势，高校需要应对两方面的挑战：一方面，需要考虑经济发展对紧缺人才的需求，这要求高校对人才培养进行结构性调整。另一方面，需要考虑未来社会对人才的需求变化，以此为依据来制订新的高等教育目标和教育质量标准。为了达成新的标准和目标，高校需要采取行动来加强教育质量管理，并建立一个与我国经济发展相适应的高校教学质量管理体系。

（二）解决高校学生数量与教育质量矛盾的需要

随着我国高校教育事业的发展，高校的招生人数、在校生人数和毕业生人数均显著增加。特别是高校在20世纪末扩大招生规模，逐步加快了高校教育大众化进程。近些年，虽然在“高校合并”的大背景下，我国高校的数量有所减少，但是扩大招生规模的热潮并没有在高校散去。高校在校生的数量仍然呈现迅猛增长的态势。为了在我国扩大高校教育规模的同时使高校教学质量也能得到充分的保证，建立高校教学质量管理体系迫在眉睫。

（三）高校教育面临的难题亟待解决的要求

高校招生结构失衡、教育质量下降、失去鲜明的特色、各方面的效益不明显、声望和名誉受到损伤等一系列因高校扩招带来的问题直接影响了教学质量。虽然多样性是大众的呼声，但是如何在维持高校教育的基本底线的基础上增加多样性是当前高校教育领域的一个难点。我国高校教育当前面临的难题迫切需要通过建立高校教学质量管理体系得以解决，以确保我国高校教育在普及过程中的质量。

二、构建高校教学质量管理体系的原则

（一）动态性原则

动态性原则是构建高校教学质量管理体系的基本要求。由于高校教育不断推进与演进，持续不断地发展和进步，所以各高校应根据当地高校教育发展的实际情况，创建适合自己的高校教学质量管理体系。建立高校教学质量管理体系时应遵循动态性原则，要求高校考虑不同情况下的因素，随着情况的变化而灵活调整措施、策略和方法，以确保体系的有效性。

（二）发展性原则

随着时代的进步，高校教育也在不断演变。因此，相应的高校教学质量管理体系应该具备灵活性和变通性，以满足不断变化的需求。有效的高校教

学质量管理体系应根据环境的变化、社会发展变化做出及时调整，从而不断适应高校教育的发展。另外，对于高校教学质量管理体系来说，必须引入国内外先进的技术和经验，融合教学质量管理的最新理念、思想和方法，并在此基础上进行规划和改进，确保教学质量管理体系的相对稳定。

三、构建高校教学质量管理体系的途径

（一）建立多元的高校教学质量管理观

高校教育规模的不断扩大使高校教育普及化的进程越来越快。数量的增长只是教育大众化的表面现象，它带来的更深层次的变化是观念的变化和模式的创新。高校应积极调整思想观念，以开放的态度应对高校教育大众化浪潮所带来的挑战。高校教育的普及化发展促使高校对教学质量管理和高校教育目标的理解变得更加多元化。因此，管理者需要不断调整自己的思维模式，形成具有现代化、国际化、开放型的思维模式。为了确保高校教学质量的多元化管理，管理者应积极开展高校教育理论和实践研究，从而使多元化的高校教学质量管理观得到确立，避免用一种质量标准去衡量所有高校的教学质量。

（二）建立完善的高校教学质量管理体系

建立完善的教学质量管理体系是高校维护教学水平的重要举措。高校应该重视教育质量，建立完善的教学管理体系，充分发挥该体系的作用。高校需要建立自己的教学质量管理体系才能保证教学质量得到外部评估和监督。因此，建立起完善的高校教学质量管理体系具有十分重要的意义。

（三）建立国际高校教学质量管理体系经验吸收观

我国高校可以借鉴国外的成功经验，加强国际交流与合作，建立符合国际标准和具有我国特色的高校教学质量管理体系。我国高校教育已经快速发展了十几年，进入了普及化的阶段。高校的生存和发展关键在于质量。因此，高校需要重新审视高校教育的教学质量问题，树立更加全面的高校教学质量

管理观，建立更加完善的教学质量管理体系。高校要想持续地发展下去，就必须以保证教学质量为前提。也只有这样，大众化高校教育才有意义。高校应吸收国际高校教学质量管理体系，从各个层次和角度确保人才培养质量，促进高校教育质量的提高，最终实现全面、可持续的发展。

第三节　高校教学质量管理的创新措施

一、做好标准化工作

（一）制订明确的教学质量标准

教学质量形成的全过程和各个环节都必须有明确的质量标准，否则就难以准确衡量和评定教学质量的优劣程度，也难以准确地判定是否全面贯彻了党的教育方针和是否实现了管理目标。所以要创新高校教学质量管理，就要研究和制订评定教学质量优劣程度的标准。各科教学质量的标准是以各科教学大纲、教学计划和教科书为依据而制订的。高校要按照国家颁发的教学计划排课，要指导教师学习教学大纲，钻研教材。教师要按照教学计划、教学大纲和教科书的要求上课，并且在每个学年、每个学期、每个单元、每一节课的教学过程中和各个环节中去落实。

（二）制订明确的学习质量标准

只有管理者明确了学习质量标准，才有可能使学生明确每一学年、每一学期、每一单元、每一节课的学习任务和要求，从而主动地完成学习任务，达到学习要求。部分学校提出的分年级来提供的教学参考资料，就为高校制订学生学习质量的标准提供了有利条件。高校应当充分利用这些条件，研究并制订学生预习、听课复习、做作业等几个环节的标准，而且要严格检查，通过明确学习质量标准、调动学生的学习积极性来培养良好的学风。

二、做好教学质量管理信息收集工作

随着社会的发展，教学质量管理在提高教学质量过程中的作用越来越大。这就要求高校必须及时掌握学校内外教学改革的信息。此外，还要及时了解校内外、省内外、国内外的教育科学和管理科学研究的新成果和新经验。在科学技术日新月异的今天，如果高校孤陋寡闻、闭关自守，那么无论如何也办不好现代化的学校。因此，高校要及时收集教学研究的资料，包括观摩教学的资料、课外活动的资料、学生健康与生活的资料、学生课外阅读的资料、学生兴趣爱好的资料、学校领导听课和抽样检查的资料、教师相互听课的资料、质量分析的资料、教师健康状况和生活状况的资料等。高校教师要特别注意了解教学方法研究的新成果和新经验，从而开阔眼界、增长经验、取长补短，不断改进教学方法。此外，高校还要定期收集毕业生就业后的信息以及他们本人和单位对学校的意见和建议，这也是衡量学校全面贯彻党的教育方针的一个重要方面。

为了使学生身心得到全面发展，辅导员要及时了解大学生在校外的表现情况，并将重要情况及时向上级汇报。高校要研究大学生的发展情况和规律，研究优秀辅导员和优秀教师的发展情况和规律，要充分发挥各种质量信息和教学资料的作用。在信息收集的过程中，属于教学资料的，由资料室整理保管；属于学生品德方面的校外信息的，应由辅导员整理并保管；对于查有实据的资料，教务处应妥善保管；对于教师健康情况和生活状况的资料，应交给人事部门保管。

对于教育科学和管理科学研究的新成果，图书资料室要将之及时传递给高校教师。不论何种资料，都要有制度规范。图书资料室不可以将公共财物化为私有；对于遗失的和损坏的，要赔偿、要检讨；要建立详细的规章制度。教师要对校内外的各种反馈信息进行科学分析，去粗取精、去伪存真并进行思索，充分发挥教学质量管理信息收集的作用。

三、做好教学质量管理教育工作

对校长来说，教学质量管理是一项具有挑战性的工作。事实证明，已经实行教学质量管理并且取得显著成绩的高校，就是在实践中不断发展的。教学是一门科学，更是一门艺术，它的魅力就在于不断地发展、创新。实现教学创新、提高教学质量的办法只有一个，就是高校要坚持实事求是，从实际出发，将理论与实践结合起来。只有这样，才能少走弯路，加快全面提高教育教学质量的进程。

著名的教育家马卡连柯（Антон Семёнович Макаренко）曾经指出，教育技巧的必要特征之一，就是要有随机应变的能力。① 所以每一个教育工作者都不能公式化，要随时根据自己的实际情况以及工作条件与学生情况的变化找到适当的方法。实际上，一些经验丰富的校长，在管理过程中对各种教育方法和管理方法都善于综合、灵活运用，并在运用的过程中有所发现、有所发明、有所创造、有所提高。如果所有的校长都能这样做，那么教育质量管理水平就会得到大幅度提高，学校的教学质量也必然会得到大幅度提高。

四、做好教学质量督导工作

（一）构建教学质量督导模式和督导体系

1. 确定合理的教学质量督导模式

我国高校应以促进教学质量的提高为重心，以发现问题为前提，以改革教学环节为途径，重新定位教学督导工作，重构与本科教学合格评估相结合的校二级督导管理机构，在二级学院成立院级督导小组，将教学质量督导工作重心下移，进一步强化各学院的自我质量监控功能，充分调动二级学院的积极性，发挥各学科专家在各自专业方面的优势，使督导工作更有针对性与实效性。

2. 建立健全的教学质量督导体系

高校需要明确督导人员的责任和权利，以发挥教学督导在监控教学质量

---

① 连建华. 学校教学质量管理概论[M]. 北京：国防工业出版社，2009.

方面的作用，强化督导的功能。教学督导体系的建立和健全，是进行教学质量监督的重要前提。只有充分发挥教学督导体系的作用，才能使质量监控更加公平合理，并且取得良好的监督效果。

（二）将督导与服务相结合

“导”是教学工作的重点内容，“督”是为了更有效地“导”。以“督”为辅，以“导”为主，“督”和“导”相结合才能使“导”具体到位，使“督”得到延伸和落实。督导人员要通过对教师工作的“督”了解和掌握其不足之处，帮助他们解决教学中出现的问题，改革教学方法与手段，提高教学技能；督导人员要挖掘教师的潜能，帮助他们总结经验，形成个性化的教学风格。同时，校院两级管理部门要定期组织召开督导工作会议，解决督导中存在的问题，帮助督导人员提高工作效率与督导水平，以使其更好地服务于教学工作。

（三）加强督导队伍的专业化建设

学校要重视督导人员的整体素质。督导人员要精通教育理论、教育管理与教学实践。建立一支专兼职相结合，专业、年龄结构合理，素质良好的督导队伍是高校教育教学改革与发展的需要，也是高校提高教学质量的必然要求。高校要加强督导队伍的专业化建设，为了保证督导团队的专业能力，督导人员必须拥有专业知识、技能和优秀的职业道德，以满足相关规定和标准；制订一套行之有效的培训计划，以确保教学督导人员发挥最大的潜能；明确规定督导人员的职责与职权；引导和鼓励其加强理论与技术研究，提高督导工作水平。总之，高校能否顺利构建及运行教学督导系统的关键在于是否具备一支高素质的督导队伍。

五、做好校长的甄选和队伍建设工作

（一）校长的重要作用

合格人才的人才培养需要合格的教师；而合格教师的成长和提高，则需要合格的校长为之创造条件，并且给予指导和帮助。实践充分证明，实行校长负责制可以保证校长全面、充分地履行校长的职责。

校长负责制要求校长对全校学生、员工负责，对教育质量负责。

（二）校长的甄选要求

1. 要有相当的知识

掌握相当的知识是作为校长最主要的标准之一。随着教育体制改革和教学改革的不断深入，以及教学要求和水平的不断提高，校长也需要不断更新自身的知识库。因此，甄选校长不应当只看文凭不看水平，而应当对其进行多方面的综合评价。校长至少应当符合以下三个标准：具有所教学科的专业知识，具有现代教育科学知识，具有现代管理科学知识。

2. 要有相当的能力

当校长只有知识而无相应的运用知识的能力时，是不可能把学校办好的。所以，一个合格的校长至少要具有以下几个方面的能力：①调查研究的能力。校长应当具备调查研究能力，特别是对教学过程和教学管理过程进行调查研究的能力；②调动教师积极性的能力，这是校长的一项基本功，也是办好学校的一个重要条件，激励教师为开创学校工作的新局面而充分发挥自己的聪明才智，是作为校长十分重要的能力；③组织和指挥的能力，组织和指挥能力对校长来说也是一项重要的基本功，为了确保学生的品德、智力、体质、审美等方面的全面提升，在制订计划时必须确保其可行性，使其成为全校师生员工未来行动的方向，并成为学校各项管理工作的基础，这就需要校长有相当的指挥能力。

3. 要有相当的修养

一个真正有威信的校长，对于校风建设有着十分重要的意义。一方面，一个有威信的校长的倡议由于得到信任而能迅速地变成学校其他成员的实际行动；另一方面，学校里每天发生着一些社会性的问题，如一些人与人的矛盾和冲突，这就需要校长来指导和解决。一个校长的威信高低的最重要的决定因素便是校长自身的道德修养。

道德品质的高尚低劣，对于校长树立威信起着直接的、决定性的作用。因此，校长要具备以下道德品质：①要有为人师表的修养。校长要有高尚的道德品质，崇高的精神境界，能为人师表。这种道德品质和精神境界不是一朝一夕能够形成的。所以，校长要自觉地通过社会观察和实践、业务实践、学习理论思想来提升这方面的修养。许多老校长之所以能成为师生员工敬佩的人物、学习的榜样，同这方面的修养有很大的关系。②要有以身作则的修养。小到作息时间、生活细节，凡是要求师生员工遵守的，校长要带头遵守；凡是要求师生员工执行的，校长应该带头执行。校长的行为是师生员工评价其的主要依据，为了让师生员工信任自己，校长需要有以身作则的修养。③要有破旧创新的修养。创新必然要冲击某些陈旧的思想观念，会遇到各种困难，这就要求校长要知难而进。④要有平等待人的修养。校长应发自内心地尊重师生，对所有人一视同仁。⑤要有兼听则明的修养。一个好校长应事先听取不同类型师生的意见和建议，经过集体分析研究，把最正确的、最切实可行的意见和建议集中起来，再贯彻下去，使之成为全校师生员工的自觉行动。⑥要有科学管理的修养。校长要懂得现代管理理论，要有一定的科学管理修养。现代的校长要有理论和政治素养，要精通业务，通晓教育科学，要有渊博的知识，要懂得科学的管理方法，要建立科学高效的管理机制，使学校的工作有章可循、有条不紊。为此，校长必须不断地学习科学管理的相关知识，总结经验，勇于探索，大胆创新。

（三）校长的队伍建设路径

1. 改革学校干部制度

高校应改革学校干部单一的任命制为任命、选举、招聘等多样化的制度，以适应时代发展的需要。根据我国进行教育体制改革和教学改革的需求可知，通过多种渠道来选贤纳士是保证校长质量的一项重要措施。例如，校长候选人必须通过国家统一考试，并取得考试合格证书，才能参加选举或招聘、接受任命。上任之前可以同教育行政部门和本校教职工签订逐年提高教学质量的合同，并且在教育行政部门的领导下，在师生员工的监督下，履行义务和职责。

2. 大力加强干部轮训工作

校长应让在编的工作人员分期、分批参加轮训。轮训以后，根据工作需要和实际考核，校长可以对他们的工作做出相应的调整。轮训干部是提高干部素质的一项重要措施。全体干部都要充分认识到现代化建设的需要，积极参加学习。

3. 做好老干部的管理工作

校长应当创造条件，使年事已高的老校长既能从第一线工作的繁重负担中解脱出来，又能在传帮带中继续发挥作用，使大批德才兼备、年富力强的中年干部能够及时得到更多实际有效的锻炼。

六、做好师资队伍的建设工作

教师是办好学校的主要依靠力量。建设一支高水平的师资队伍，是实行义务教育、提高教育质量的根本。建设一支具有竞争力的高素质师资队伍是保障高校教学质量的关键所在。因此，高校管理者必须全面提升师资队伍素质。此外，教学质量的提高与高校教学工作相关的所有人员都有着密切的联系，尤其是与教学管理队伍人员素质紧密相关。

师资队伍是一所大学的灵魂，决定了学校的教学质量、科研活动质量、人才培养质量和社会服务质量，是一所大学的生命所在。提高教学质量和办学效果的根本在于抓好教师队伍的建设，因为教学质量提升和师资队伍的建设之间存在着密不可分的关系。

（一）处理好教师观念与教学质量之间的关系

教师的教学行为对教学质量有重要影响，教育理念又是决定教学行为的重要因素。因此，管理者应首先引导教师改变不适合的教学观念，抓好教学质量。解决好教师观和学生观这两个方面的问题是转变教学观念的关键。

重新定位教师功能和角色是转变教师观的重要方式。教师的教学目标究竟是对知识进行讲解和传授，还是对学生的学习进行引导和促进，使学生的思维品质得到提升，这是管理者必须深入思考的问题。

目前，教育界对于学生观的侧重点在于重视个体学习差异，并在教学实践中寻找科学、合理的方法来提高学生学习能力，遵循学生的学习规律。教师只有转变学生观，才能真正确立学生学习的主体地位。

此外，教师的观念转变，一方面，需要相关的理论指导，并将学生的个性化需求考虑进去，尊重学生的学习过程和方式；另一方面，教师需要持续审视自己的教学方法，以提高自身认知水平并改变观念。

（二）处理好课堂教学与教学质量的关系

教学质量管理工作必须深入教学第一线，否则难以收到实效，管理者也难以和教师有深入的交流，进行切实有效的教学指导，或者只是凭借考核结果进行评价，难以保证教学的质量和效果。管理者应组织教师不断研究和解决教学过程中出现的问题。此外，管理者还要引导教师结合自己的教学实践冷静地思考。

（三）处理好教学方法与教学质量的关系

教学方法会影响教学质量。良好的教学方法有利于学生在更短的时间内掌握知识的真谛，在相同的时间内掌握更多的知识或更深刻地理解所学的知识。相反，如果使用的教学方法不恰当，尽管教师十分努力，学生也付出了很多的精力，学生也无法有效地掌握所学知识，从而无法保障教学的质量。可见，探究教学方法在提高教学质量中十分重要。因此，管理者要积极鼓励和帮助教师设计出个性化的教学方法。总之，教学方法和教学成效之间存在着某种密切的联系，这就要求教师注重积累经验，注重分析这种相关性，注重确立检验成效的标准、内容和方法，通过考查学生自学能力，优化学生思维品质，切实保障学校工作的整体推进。

七、做好稳定管理结构的工作

能量的大小代表着办事能力及其作用的大小。能量分级，就是按照能力大小，把人组织到相应的能级中去，使每个人都能发挥特长、做好工作。有的人能指挥千军万马，有条不紊；有的人只能组织几十个学生；有的人连几十个学生也组织不好，这是因为他们的组织能力有强有弱。有人讲话内容充实、中心明确、条理清楚、引人入胜，不论上课、谈心、作报告都深受欢迎；有的人写文章晦涩难懂，作报告东拉西扯、语无伦次，而且尽是老生常谈，就不受大家欢迎，这就反映了人的思维能力、表达能力有强有弱。作为高校领导干部，其能力的强弱主要表现在贯彻党的教育方针、完成双重任务的过程和结果上，能力强的领导干部，在同类型的学校中，取得的办学成绩就比较好；能力弱的干部，在同类型的学校中，取得的办学成绩就比较差。但是在集体劳动中，能力大小及其作用和结果如何，与组织是否合理有密切关系。一个总能量低但组织合理的集体，比总能量高但组织混乱的集体办事效率高、办学质量好。在所有的组织和学校中，管理层次都是客观存在的，不受个人意愿的影响。现代管理的使命是确保管理的内容恰当地处于相应的能级，因此需要建立合理的层次结构。在运用能级原理时，要注意以下几点。

（一）必须按层次建立稳定的组织结构

现代管理不是随便分级的，各级也不是可以随意组合的。稳定的管理结构应当是正立的三角形。倒三角形、菱形之类的结构是不稳定的。例如，从表面看，梯形是稳定的，但它实际上可以分解成许多三角形，其中必然有倒三角形，此结构必然是不稳定的。因此，只有按层次建立稳定的组织结构，才能将管理能级的作用发挥出来。

（二）做到人尽其才

不同的职位级别需要不同的管理能力，而不同的人也具备不同的才能和技能。在现代科学管理中，人才应该被分配到与其能力和品德相匹配的职位上。指挥人才应具有高瞻远瞩的战略目光、出众的组织才能，能识人用人、多谋善断，能坚持党的基本路线，有强烈的革命事业心和政治责任感；反馈人才应该思维敏捷，见多识广，接受新鲜事物快，综合分析能力强，能如实反映情况；监督人才应该公道正派，铁面无私，直言不讳，能够坚持真理，没有权力欲望，熟悉业务，能够联系群众；执行人员要热爱教育事业，任劳任怨，埋头苦干。实行教学质量管理的学校校长的一个极为重要的任务，就是知人善任，做到人尽其才。要想真正做到这一步，就要具备相当的思想理论水平，就要有一定的人才学知识和现代科学管理知识，这是按照能级原理组成稳定的管理结构不可缺少的两个条件。

第六章　高校行政管理的实践创新

高校行政管理工作是高校教师和学生的工作、学习有序进行的有力保证。探索高校行政管理工作有助于提高教师教育质量，促进学生全面发展，有利于引导教师、学生树立不断接受教育的终身教育理念。本章主要从高校行政管理的概念、高校行政管理现状分析、高校行政管理的改革创新展开论述。

第一节　高校行政管理的概念

一、行政管理的含义

行政管理是利用政府的权力来管理社会事务的一项行动，亦可用来泛称所有企事业单位的行政管理事务工作。一种组织系统类别是行政管理系统，它在社会系统中扮演着一个重要的角色，是不可或缺的分支。广义上的行政管理可以被定义为对与组织、团体相关的事务进行治理、管理和执行的社会活动，包含了国家政治方针的实施，如立法、行政和司法等方面的工作；狭义上的定义是指政府的执行部门对社会公共事务进行管理，也被称为公共行政。随着时代的进步，行政管理范围逐渐扩大，不仅涉及经济建设、文化教育、市政建设、社会治安、公共卫生等方面，还包括环境保护等诸多领域。当前，行政管理更加倾向于运用系统工程的观念和技术，尽可能地降低投入，从而提升效率。

二、高校行政管理的含义

高校行政管理是指为高校教学、科研、社会服务和文化传承等任务提供支持的内务管理和行政事务管理。它的首要职责是在科学有效的管理方法的指导下，根据学校章程及上级所赋予的职权，对行政管理工作进行计划、组织、协调、控制和决策。学校可以采用多种手段和措施，建立组织机构和制度管理方式，充分利用资源，发挥出自身的管理职能，带领全校师生员工共同合作，完成学校的工作任务和目标。高校行政管理有双重作用：一是根据学校的发展目标，对人力、财力、物力进行投资、分配和调整，以实现资源合理高效利用；二是负责监督和协调学校的各项工作，包括教学、科研、管理、服务和后勤保障等方面的工作情况和进程，同时处理学校与外界的各种关系，确保学校各项工作按计划顺利进行。高校行政管理在高校改革和发展方面扮演了不可或缺的角色，包括但不限于保证、协调、参与、激励等方面。

第二节　高校行政管理现状分析

一、我国高校行政管理制度现状

（一）集中且直接的管理制度

一般来说，政府部门决定高校教育事宜。高校主管部门主要有教育部和中央其他部委、省政府或市政府、省教育厅或市教育局等。政府和学校需要协作处理各种问题，包括学校的设立、专业调整、教师分配和财务划拨等多个方面。

（二）以封闭式管理为主的管理制度

高校是社会的重要组成部分，不能将其孤立地看待。随着社会的快速发展，高校和社会之间的关系变得非常紧密。高校具有三项职能，分别是教育、科研和服务职能。高校的人力、物力、财力和研究成果都具备社会影响力，所以必须采取有效的管理措施来加以利用。因此，学校管理具有一个重要特点，即要同时考虑封闭和开放两个方面，使它们相互协调、相互促进。但是长时间以来我国的高校和社会之间在培养人才和充分利用人才方面的沟通和联系不足。部分高校只注重办学，社会参与高校管理的程度不高。

（三）以行政管理为主的管理制度

通常，对于高校教育的管理，可以采用多种手段，包括立法、资金拨付、规划、信息提供、政策引导等。在进行高校教育管理的过程中，其管理的合法性主要体现于高校教育行政程序正当的要求上，也就是通过正当合理的高校行政程序来促进高校管理的规范化与合法化。

二、我国高校行政管理的主要问题

（一）评估和考核制度不科学

我国拥有数量庞大的高校。总体来看，高校内部行政管理方面主要有教师的评估和考核制度不科学等问题。

我国高校的行政管理评估和考核制度不科学这一问题在教师职称的提升方面尤为突出。我国许多高校对研究成果的重视程度超过教学效果，对数量的重视程度超过对质量的重视程度。这些问题对教师的专业人才培养和知识功能发展造成不利影响。学校的行政管理对行政事务的审批、行政事务的评估和行政事务的监督方面过于重视，导致学校行政管理质量不高。

（二）高校行政管理体制改革比较落后

我国的高校管理体制需要进行全面而深入的改革，现有的高校行政管理方式较为单一，需要进行根本性转变。当前高校管理体制的改革仅停留在表面，改革的程度、范围和力度没有达到足够的程度，缺乏具体的改革目标，政校不分、企校不分的情况依然存在。高校的工作人员和行政管理机构正在向着扩大化的方向发展。综合来看，目前高校管理体制改革还处于探索阶段。相对于其他行业单位的改革，高校行政管理体制改革较为缓慢，甚至距离医疗卫生、文化事业等领域的改革尚有一定的差距。有人认为高校行政管理体制改革是我国改革过程中最后一个障碍，这一问题是由政治和社会等多个方面的原因造成的，具体如下。

1. 高校建设属于上层建筑

高校建设之所以属于上层建筑，是因为高校建设要遵循党和国家的政策，为社会主义现代化建设培养综合型高素质人才。我国在过去几十年的发展过程中始终采用准政府模式来建设高校，使高校能够享受到准政府待遇，同时行政指导高校的建设，但这也在一定程度上使高校行政管理体制改革变得更为严格。

2. 忽视根本问题

在高校行政管理体制改革中，以前的改革重点主要是扩大资金来源，但关于怎样与市场经济环境相适应、怎样对职能和运行机制进行转变的思考比较少，国家在统一规划和协调方面的改革尚不充分，对于高校行政体制改革问题不够重视。

总体而言，现阶段我国高校行政管理体制的改革还有待深入。改革过程中的问题如果得不到解决，会引发一些新问题。高校管理体制改革涉及政府机构改革、财税体制改革、干部和人事制度改革、公共事业制度改革、社会保障制度改革以及许多其他管理制度改革。要加快相关配套改革进程，就要创造良好的改革环境和改革条件。

（三）高校合并未能达到理想效果

部分高校合并后缺乏对成功经验和成功模式的借鉴，导致各个高校的合并方式雷同。高校合并是一个非常复杂的过程，需要考虑许多问题。

高校的合并是一个综合性工程，需要科学论证其各个方面的可行性。但是实际情况是部分高校没有充分地论证高校合并的科学性和合理性。在高校合并的过程中还出现了一些问题，如一部分高校没有达到高校合并的条件，但是仍然在积极争取政策合并。合并后，高校出现了不少新问题。例如，尽管高校合并了，但它们并没有完全融合，因此，成员学校之间可能会发生利益方面的矛盾。合并后的高校缺乏凝聚力，难以解决人事关系，内部沟通和协调不够顺畅，资源配置方面存在困难；高校的管理难度提高，导致学校的管理比较落后，不利于学校的发展。导致这些问题的主要原因如下。

一是办学思想难以融合。对于高校来说，其办学传统是在长期的发展过程中积累下来的，所以要使其放弃和改变有一定难度，而重新确立办学思想需要积累新的办学经验。因此，高校合并的成员学校为了延续自己的办学思想，往往导致办学思想不能融合的问题。

二是新旧问题并存。高校合并后，高校的管理者既需要解决合并前高校的问题，还需要解决合并后出现的新问题。另外，高校合并后学校的办学规模扩大，校区不集中，给学校的行政管理带来了困难。在这种情况下，通过设置管理机构、划分管理层级以实现集中管理的目的也难以实现。高校合并能够促进高校的人事制度的改革，但在改革过程中的同类机构合并会导致中层管理人员的安置问题，进而会导致高校人事变动问题。

（四）高校扩张不能保障硬件条件

高校招生规模的扩大、在校生总量的增加推动了我国高校教育的发展，精英教育向大众化教育转变的速度迅速提高。但在这一过程中也出现了一系列问题。例如，高校的招生人数饱和；高校的图书馆资源、教师、实验室、师资力量以及学生宿舍等配套设施紧张；高校招生标准下降，生源质量降低；学生的能力和素质各不相同，但高校在教学内容、教学方法上没有做出与之相适应的调整，仍然采用传统的教学模式，教育弹性程度低，教学质量得不到提高，高校毕业生饱和，就业压力巨大。具体原因如下。

1．高校毕业生数量过多

我国已进入高校毕业生就业高峰期。由于现实因素的影响，我国高校部分毕业生不能实现充分就业。此外，受到经济发展的影响，高校教育的需求大幅度上涨，教育市场空间非常大，这就成了高校扩大招生规模的有利条件。在这种情况下，高校开始扩招。在理论方面，这一政策能够解决当时的很多实际问题。但在政策的实际执行过程中，也出现了许多问题。一些高校为提高自己的经济利益盲目扩大招生规模，导致高校在校生人数大幅度增长，但学校办学的硬件配套设施不能与之相适应，并且毕业生数量过多。

2. 高校毕业生就业时间被推迟

高校招生规模扩大使部分高校毕业生的就业时间被推迟，扩大了社会的人才储备规模。我国对高校教育教学模式进行了一系列改革，取得了一定的成果。但教育教学制度还需要加以完善。

（五）造成高校行政管理问题的其他原因

1. 特殊的历史原因

我国曾经实行过计划经济体制。在这种经济体制下，我国对高校实行了行政化管理，使得人们对于高校行政管理的认识比较单一和模式化。例如，很多人认为高校教育由国家包办，不能走产业化的发展之路，对其进行改革也不会有很大的力度。这种认识是错误的，错误的认识必将会误导行动，因此会使高校行政管理体制改革受到阻碍，这也是高校行政管理体制改革过程中很多问题得不到解决的主要原因。

2. 部分高校只追求自身利益

教育产业化使部分高校片面追求经济利益，没有真正理解教育产业化的含义，只是追求开设培训班、二级学院，只追求经济利益，从而导致高校的发展方向与办学方向背道而驰。一些高校在发展过程中，由于缺乏必要的制度规范和监督管理，没有获得任何发展，挫伤了员工的工作积极性，不利于高校的行政管理。

第三节　高校行政管理的改革创新

一、现代高校行政管理改革的依据

（一）指导思想

1．马克思主义唯物辩证法是根本方法

高校是聚集知识精英和年轻学子的地方，应该充分发挥学校的人才优势，调动各方积极力量，努力培养有潜力的、能够为未来建设作出贡献的优秀建设者和可靠接班人。要确保高校教育目标得以顺利达成，必须努力营造和谐的校园环境。这同样体现了马克思主义唯物辩证法在实践中的应用。高校校园和谐、稳定以及高校行政管理工作的优化模式依赖马克思主义唯物辩证法的应用。

实现学校全面发展需要建立一个和谐稳定的环境，这样才能激发所有积极的因素。高校行政管理体制建设是为了实现建设和谐校园的目标。从辩证的角度看待高校行政管理工作，要根据和谐校园的理念设定管理目标，并通过不断改进行政管理内容和方法来提高工作效率，以充分发挥行政管理工作在和谐校园建设中的作用。

高校行政管理工作在建设和谐校园方面扮演着至关重要的角色，无论成功与否都将直接影响校园的和谐程度。高校行政管理工作应当运用思想政治教育的独特优势，深入推进和谐校园建设，把握机遇，引导学校沿着正确的方向不断发展。高校行政管理是促进和谐校园建设的关键因素。

运用马克思主义唯物辩证法，可以发现高校行政管理工作与和谐校园建设之间存在着辩证统一的关系。具体来说，高校行政管理工作是实现和谐校园建设的必要条件和重要支撑，高校的行政管理工作可以为和谐校园建设提供坚实的基础。同时，和谐校园建设也是高校管理工作的根本目标和不断追求的方向，只有在和谐的学习、工作、生活环境中，高校管理工作才能更好地发挥作用，促进高校持续健康发展。因此，高校行政管理工作和和谐校园建设是相互依存、相互促进的关系，二者合力推进才能实现高校发展的良性循环。建设和谐校园，不仅为高校管理工作提供了新的平台，也为加强高校建设提供了机遇。因此，管理工作与和谐校园建设相互依存、协同作用，使得高校能够获得更多发展，同时通过发展推进和谐。

2. 树立马克思主义价值观

改革的深入以及市场经济体制的不断完善为大学生行政管理工作提供了丰富的内容。思想是行动的先导。实事求是、与时俱进的思想作风是每一个教师、学生必须坚持的。高校行政管理工作的着力点是引导学生树立马克思主义价值观。一所高校学风好坏是该校人才培养质量的直接影响因素，是社会公众对该校评价高低的最关键的观测点。高校应引导学生树立正确的人生观、价值观，这样高校所培养的人才就不会偏离既定的方向，才能满足社会发展的需要。

3. 加强高校基层党建工作

加强高校基层党建工作也是高校行政管理工作的政治体现和关键。要以组织体系建设为重点，在符合条件的行政、教学、科研单位单独设置党支部，建立横向到边、纵向到底的基层党组织体系，切实优化基层党组织设置，扩大组织覆盖，最大限度地把师生组织起来。基层党组织要扎实开展党员发展、党员培训、党籍管理、党费收缴、党员激励关怀帮扶等工作，切实履行好基层党组织组织师生、宣传师生、凝聚师生、服务师生的职责。建立师生有困难找支部、有问题找党员的机制，完善基层党组织联系和服务师生制度，不断增强基层党组织的创造力、凝聚力、战斗力。

习近平总书记指出："各级各类学校党组织要把党建工作作为办学治校的重要工作，把抓好学校党建工作作为办学治校的基本功，把党的教育方针全面贯彻到学校工作各方面。"[①] 高校基层党组织具有两重身份，既是基

① 吴国生．大力加强高校基层党建工作（有的放矢）[EB/OL]．(2020-08-13) [2023-12-15]．qh.people.com.cn/GB/n2/2020/0813/c182755-34223901.html.

层党组织，也是高校的一部分。为此，高校必须努力学习和贯彻党的路线、方针、政策，加强师生团结，提高思想政治工作的水平，同时注重培养人才、开展科学研究、提供社会服务和促进国际交流等主要业务。在高校基层党建工作中，需要把重点放在打好“基本功”和“主业务”的有机结合上，也就是通过强化“基本功”来推动“主业务”的发展，同时也要利用“主业务”来检验和提高“基本功”的水平，以确保基层党组织能够发挥其政治、组织和服务职能，成为师生们最信赖和服务的组织。通过加强基层党建工作，可以达成以下目的：统一思想、增强凝聚力，有利于高校教育内涵式发展；同时，也能为人民提供高质量的教育，提供坚实的政治、思想和组织保障。

围绕需要解决的思政工作的重点问题，找准“病根子”、开好“药方子”，对照细化、分解任务，制定能操作、好管理、可监督、有考核的整改措施，明确工作进度、时间节点，确保问题整改高标准严要求得到落实。必须明确责任清单，将政治使命和工作职责相融合，并将通常要求与特别规定相结合，以更加明确对学习、宣传和贯彻执行的责任，充分发挥高校行政管理的主体责任、党委书记的第一责任、领导班子成员的“一岗双责”、任务负责人的直接责任，层层压实责任，上下联动，整体推进，增强高校行政管理工作和思政工作创新发展的新动能。坚持理论深度、实践力度和情感温度并重，以上率下带头学、带头讲，支持和引导广大师生自觉学、跟进学，积极营造浓厚的学习氛围，努力提高学习的成效。

高校需要将行政管理工作和思想政治工作有机融合，坚定践行“大思政”理念，树立忠诚事业的“精诚”、坚毅攻坚的“气势”、勇于追求卓越的“神采”，真正聚焦于教育教学、德育人才上，注重落实和解决问题，致力于实际行动和务实推进，全方位加强高校的行政管理和思想政治工作，加强党对高校的领导，推动高校思想政治工作不断创新和发展，为培养德智体美劳全面发展的社会主义建设者和接班人奠定坚实基础。

（二）目标要求

一是立足完善现代大学治理体系、提升治理能力，形成高校管理工作制度体系。强化使命担当，做好顶层设计，把具体工作落细落实。

二是形成一批工作品牌和育人载体。聚焦示范引领，在形成“雁阵效应”上下功夫。发挥“双带头人”党支部书记引领作用，发挥教师、学生自主管理的优越性和法治建设发展可持续性。

三是打造一个理念和技术领先的党组织管理系统。发挥领军人才带动作用，加强科研团队建设。

四是产生一批高水平的行政管理研究成果。服务国家战略，在形成协同效应上下功夫。让一流学科建设与地方文化建设和谐发展。

（三）育人使命

高校党建工作对我国现代高校管理制度的指导起着不可或缺的作用。高校聚集了大量有才华的人才，这是培养中国特色社会主义的未来领袖所必需的重要基础，同时也是党的理论宣传和创新前沿的主要地方。就当下的大学而言，党建工作的质量不仅涉及党在学校各方面能否正确领导，而且直接影响教学研究、人才培养、文化传承以及社会服务等各项工作的深化。因此，面对新的形势，高校教育改革已经进入了一个新阶段，现代高校制度也正在建设和完善，高校的党建工作必须不断探索创新，不能停滞不前。高校行政部门的首要责任是为高校党建工作提供卓越的服务，以促进其顺利开展。推动党的建设在学生、教师队伍中深入开展，使其扎根于腾飞之地。

高校行政管理的工作者需要不断探寻新的教育理念，以促进师生在教育上的全面发展和提高教育质量。一个重要的理念是，师生都应该始终保持学习的心态，将教育看作一种终身的过程。高校行政管理工作的关注点应该是培养德智体美劳全面发展的人才，因为素质教育的目的在于挖掘学生的智力、潜能和能力，同时也注重培养他们健康的人格，使他们能够在竞争日益激烈的现代社会中具备自我学习、人际交往、生活技能和创新精神等综合素质，以应对未来的挑战。大学生的创新精神和创新能力在创新教育中扮演的关键角色，要在高校行政管理工作中实现创新，就必须使大学生拥有具有创新思维、创新驱动和创新能力。因此，高校应该注重启发式、探究式的教育，引导并支持学生自主思考，敢于质疑和挑战行政管理中的不合理之处，并提出切实可行的解决方案，以激发他们内在的创新潜能和能力。

高等学府的重要历史使命之一就是培养符合中国特色社会主义事业要求的合格建设者和可靠接班人，这些人必须具备理想信念坚定、道德高尚、文化修养深厚、自律的优秀品质。从现代大学管理的角度出发，创新高校行政管理工作对于加强和改善符合中国特色社会主义大学要求的行政管理工作具有积极作用。在树立德育为根本的基础上，这可以为高素质人才的培养提供更好的服务、支持和保障。一种不同的表达方式是加强高校教育的人才培养优势，并推进教学改革和建设的工作。因此，在我国特色现代大学制度建设和高校行政管理工作中，全面提升人才培养质量至关重要。

高校的行政管理工作在新时期还是面临着诸多挑战。各种社会新闻、社会价值理论以及新鲜科技产物，都直接呈现在大学生的面前。这些事物中的道德意识层次参差不齐，有的甚至违反了法律法规。高校行政管理工作在这种大环境下，显然更加重要。随着新媒体的迅速发展，高校行政管理工作需要紧跟时代潮流，有效应对网络媒体所带来的新挑战。

高校党的建设工作必须站在高校发展的全局高度，这有利于高校对症下药，大胆创新，更好地开展工作。在建设中国特色现代大学中，各高校的行政管理人员需要切实践行人的全面成长理念，秉持党管人才的方针，探索创新高校党建工作，为培养卓越的、高素质的、高层次的人才提供优良的校园氛围。

二、现代高校行政管理创新发展的策略

（一）创新高校行政管理内容

1. 高校行政管理与党建工作的融合

（1）高校行政管理制度和高校党建工作的目标一致

高校行政管理制度和高校党建工作的目标都是为了培养中国特色社会主义事业建设者和接班人。优化内部治理结构和模式是建设现代大学制度的重中之重。在这一过程中，需要合理利用并协调各方面的权力，包括党委领导、行政人员、师生民主参与和学术委员会等，以确保所有权力得以充分发挥作用，推动高校可持续发展，以满足人才培养的需要。此外，需要制定适合高校发展的规章制度，并对其进行完善；需要建立严密的决策、执行、监督和保障体系，以法律法规以及章程为基础执行，形成全面的人才培养机制；利用专业评估手段，结合教学、科研和社会合作，打造全新的育人环境，促进创新型人才的培养；通过秉持以培养人才为本、强化道德教育、注重能力培养和全面发展的原则，指引学生树立正确的思想政治观；激发学生的爱国热情和责任意识，让他们深刻认识到只有积极融入中国特色社会主义的实践，才能实现自身的追求和价值，让他们把个人理想与伟大的中国梦合二为一，共同为实现国家繁荣富强贡献力量。同时，高校也应该尊重学生成才的规律，对师生进行思想政治教育，积极探索创新思路的方式和途径，以科学化的党建工作为引领，培养出现代化的人才。

（2）高校党建工作为高校行政管理提供坚实保障

高校党建工作是支撑高校行政管理制度建设的重要基石。思想安全保障。高校党建工作强调思想政治工作的引领作用，紧跟时代发展，持续探索新的理念与办学方式。除了强调马克思列宁主义、毛泽东思想、中国特色社会主义理论体系的教育，还应积极宣传社会主义核心价值观、中国梦和党的群众路线教育实践活动等，以确保高校的制度建设能够沿着正确的政治路线稳步前进，并牢牢把握意识形态工作的领导权，提供组织支持。在完善高校治理

结构方面，必须始终以党的领导为前提和方向，这是不可或缺的。高校党组织秉持党管人才的原则，持续加强党的自身建设，重视坚定人才理想信念、全面发展人才、提高创新能力以及以群众认可为基本准则的人才考评，旨在培育具备先进党务工作能力、发挥模范作用的杰出师生党员。其成果体现在健全的领导体制和工作格局、高效运行机制、创新的管理方式和方法以及完善的保障措施等方面，这些不断提高的措施为现代大学制度建设提供了必要的人才支持。

（3）高校行政管理工作是高校党建工作的依托

高校的党建工作须要跟制度建设新趋势，遵循现代大学办学新理念和高校制度新要求，实现创新发展。高校党建工作是指在党委领导下实行校长负责制的基础上，根据现代大学制度建设的特点和新的要求，探索创新的党建工作方式，以反映时代性、把握规律性。提高高校党建工作的科学性水平需要高校持续创新、不断改进，以适应制度、工作方式、工作作风、工作队伍和师生党员发展等方面的变化。

高校党建工作发挥了三种显著的主体作用来确保高校的工作能够科学发展。首先，需要突出强调党的建设工作在指导学校实现培养目标方面的关键作用。高校的首要使命在于为社会主义事业的发展提供源源不断的复合型人才，这种人才具备专业技能、创新精神和实践能力，能够为社会作出贡献。无论是私立大学还是公立大学，都应具备明确的目标意识，并致力于实现这一战略目标。为了更好地履行高校教育的职责和使命，达成高校教育的目标，并承担其责任，高校必须加强对教学质量的关注。按照规定的基本原则和策略，所有工作应该以培养符合要求的现代大学生及发展社会主义合格从业人员为目标，全面推动党建工作的引导作用，推进学校教育教学目标的达成。其次，应强调高校在提供党建服务方面的主导作用，促进其他机构一起提高服务水平。高校的党建工作秉持具体务实、积极主动、富有成果的原则。在高校设置党群工作机构，积极引导、监督和协调高校的产学研工作，并充分考虑党建工作的要求和学校的实际情况，以确保各部门朝着正确的方向发展。

在高校党务部门的管理职责方面积极实施具体举措，紧密关注学校的主要教育目标，制定一系列措施，以促进产学研各个方面的全面发展。这些措施和规定在实践中得到了切实有效的指导。该任务的主要目的是以民办高校的党员为带头示范力量，推进产学研项目的实施，并提供全方位的保障服务。这反映了民办高校党建工作的双重职责，既是监督，又是服务。最后，强调高校党建工作在保障方面具有不可替代的重要作用，必须坚决贯彻中国特色社会主义教育方针，确保不动摇。高校党建工作应该在提供政治和组织保障的基础上，为学校的发展方向、机制和目标贡献力量。对于这种保障来说，最重要的是体制的稳定。需要明确可操作的计划和规定，不断完善和完备，使高校内的党政工作更有所依循更规范更专职。这是确保政治工作有效开展以及教育指导思想正确的措施。

因此，高校行政管理工作要为高校的党建工作搭好平台，让党的发展深入校园。高校应该加强基础组织建设，提升工作效率和水平。党在高校发挥政治核心和监督作用的关键是基层组织的健全性。要保持党的工作同步，党员应始终发挥先锋模范作用。另外，需要关注基层的关键问题，加强其服务性能。在有坚实理论支持的前提下，在实际工作中应重视灵活运用，以应对各种实际问题。在学生组织党员的培养和成长过程中，各种教育内容应该联系紧密，以确保开展全面、深入的教学。

构建责任落实系统，加强党的组织建设。新时期大学生党建中，要让大学生党员明确自己的责任。党中央对基层党组织建立严格的监督机制的根本要求是坚持党的先进性，加强对党员的监督，努力提高党的领导水平和执政能力，增强拒腐防变和抵御风险能力，始终做到立党为公、执政为民。大学生党员既是一名学生，又是一名党员。高校党组织可以从各方面对大学生党员进行监督和约束。

2. 高校学生保障制度的完善

高校涵盖了学生和教师两大群体，他们来自五湖四海，有不同的背景和受教育水平。因此，群体和个体之间存在明显的差异。以前，行政管理过于强调制度和规范的重要性，导致经常出现机械地遵循规定，缺乏活力和创新的情况。因此，为确保行政管理工作的有效性，高校不能局限于表面性的通用工作，而需要采用更多元化、更丰富多样的方法，针对不同个体的差异处理问题。需要在协调一般情况和特殊情况、集中教育和典型示范之间取得平衡。要充分认识个体之间的差异性，从这些差异中挖掘发展机遇和潜力，同时在落实一般性的基础上注重差异化的实施，在个性化中发现通用性，以此推动政府管理工作全面提升。

高校需要将行政管理工作融入学院整体工作的重要组成部分，以确保二者共同发展、共同进步。在日常工作中，应将学生思政教育工作贯穿于课堂教学、社会实践活动和校园文化建设等方面，以此帮助学生将理论知识与实践经验融合，参与到行政管理等工作中，从实践中不断提高自身修养水平。

要确保大学生能够全面发展和成长，必须对每个阶段进行严格的教育、管理和考核。为此，需要建立完善的学生发展质量保障制度体系，以确保大学生的发展质量和成果。需要确立一个综合考核制度，考核的时间和具体标准应该综合考虑到高校学生的实际情况。评估标准需要综合考虑个体的思想态度、政治素养、学业成绩及工作表现等多个方面。需要建立完善的学生成长体系。

对于高校来说，加强学生行政管理工作是确保学生培养合格人才的重要措施。高校应当为出色的学生提供优质的成长环境和机遇，引导他们健康成长，推动高校的发展和思政工作。

（二）发展高校行政管理人员队伍

1. 加强领导班子的能力水平

高校的发展离不开领导班子，他们是组织的核心，具有举足轻重的作用。他们的组织能力、领导能力、决策能力等，直接关系到学校的行政管理效能。领导班子能够协作默契，高效地开展工作，这有助于聚集教师团队的力量，充分发挥教师队伍的作用，实现高效管理。所谓领导团队能力，是对整个领导班子、领导团队在执掌管理岗位中的综合素质评估，而非个别领导人的个人能力评估。学校管理工作的负责人即为领导班子，他们主管制度的制定、执行以及监督，且对于学校的发展、组织的运作、人才梯队建设和教学等方面的管理具有重要的影响。

因此，高校行政管理效能受到多方面因素的影响，包括领导班子的反应能力和创新思维、管理理念的新旧和科学程度、团队合作的水平、决策能力的优劣，以及是否能充分考虑广大教师的意见等。

建立完善的制度是加强领导班子和干部队伍建设的关键所在。完善中国特色高校制度的一项重要任务是加强高等学府章程建设。大学章程可以被视为高等教育机构的“宪法”，它规范了大学的办学理念和目标，并成为校内制定各种规章制度的依据。校方可以凭借章程建立依法治理机制，推动学校依章程办事。随着高校教育制度的不断完善，制度化已成为突出的特点。在此背景下，高校党建工作的制度化已逐渐受到重视并纳入议程。高校应针对实际管理中的难点和热点问题，考虑到不同的时期、地域和校情，制定相应的讨论规则和制度，以更好地完善各级行政管理制度，确保领导层与各级基层组织之间的合作关系得到妥善处理。

构建保持先进性的行政管理制度机制应在准确把握大学院（系）党组织制度体系建设的客观现实的基础上，努力探求规范要求，更新具体制度，实现制度创新。各高校必须根据自己的实际工作需要，构建保持先进性的行政管理制度机制，如挂牌制、警示制、承诺制等，加强科学性、减少盲目性。要建立大学行政管理工作的长效机制，促进行政管理工作中的各项基本制度落到实处，保证行政管理工作健康有序发展。通过这些制度的制定和执行，构建出一个层次性、系统性与创新性相结合的行政管理工作的制度机制，促使行政管理工作不断深入发展。

2.加强院（系）行政管理工作

高校要进行宏观管理调整，将行政管理中心作为各学院（系）的核心。每个学院在学校内都具有独特的职责，旨在实现各自独特的目标和发展计划，学院比整个学校更能详细地了解教师的认知方式、工作方式、教学水平、学术能力以及个性特质。此外，还能更好地了解学生在实际学习过程中的情况，更加熟悉本校岗位的设置和管理工作。因此，学院的工作如果能得到更多的动力推动，那么学校的生产效率也能得到提高，从而产生更强大的能量。

因此，为了实现学校整体工作目标以及合理分配岗位，学校应该在宏观层面进行规划和布局。对于高级岗位的数量及上岗条件，学校应设置相应审核机制，如成立考核监督小组，确保年度考核的公正性和监督的有效性。学院可以自主设置基本岗位的数量和条件，并负责确定不同岗位的职责、上岗条件、考核内容等，以便更好地管理和监督基本岗位。经学院教授委员会考核并备案后，方可上岗。通过这种方式，可以确保学院的工作目标与学校的工作目标保持一致，同时也能够实现学院自身的目标。总括而言，高校应该设岗合理、简洁高效，控制总数量并强化重要岗位的保障，同时考虑到一般岗位的兼顾，优化配置和灵活动态的管理，以满足学校学科建设和整体发展的需要。

党建工作是高校行政管理过程中必不可少的重要组成部分。高校党委的支持延伸到院系党委，院系党委需要有效发挥党的政治核心作用，但要实现这一目标，需要有完善的行政管理机制来支持。

要改进院系党委的工作运作机制，首先，改善党委会议的运作制度，选择优秀并能够匹配其需求的大学院系党委书记。作为院系党委会的领导者，党委书记应该拥有较高的政治理论素养和专业工作能力，不仅有卓越的才智和高尚的品德，还能够善于协调团队关系，在教学和科研建设方面拥有丰富的经验和出色的能力。这样，才能够与党委会集体领导共同执行党委会的决策，更好地主持院系党建的日常工作。其次，提升党委会工作的质量和效能。在工作实践中，党委会应该重视贯彻执行党和国家的方针政策，以及校方做出的各项决策。党委应当积极融入重要事务的讨论与决策，应加强组织建设及干部管理教育，以便更加深入、具体地推动相关工作。最后，还应建立健全集体领导和个人分工负责制度，使院系的整体管理的工作机制充分运行。

围绕服务学生成长成才这一目标，建立党建活动和行政管理工作的长效机制，健全校院两级工作小组，着力在分析研究模块上下功夫、创实效，在师生之间搭建起一座永固的“连心桥”，促进共同成长。

3.加强基层管理队伍建设

实现高校管理任务，离不开基层组织的支持和配合。在新时代，高校的基层团队如教学团队、科研团队、学生社团和后勤服务团队等都扮演着非常重要的角色。通过在这些基层团队中引入管理工作，可以全面管理学校不同领域的事务。在基层管理工作中，需要确保管理体系严密，同时也需要保持工作的灵活性。此外，应将工作重点放在学校最活跃的领域，以履行管理者的职责。高效的管理工作应该紧密结合党建工作。这意味着，党组织应该随时与师生保持密切联系，两者相互协作、共同进步。

在高校，大学生组织是学生积极参与民主活动的主要形式，它有序地促进了民主参与，并且成为连接和联系学生群体的重要纽带。为了让更多的学生参与到学生管理中来，应该积极加强学生组织的建设，并尊重学生组织的独立性。

从法治的角度来看，高校有责任积极引导学生参与学生管理。这不仅是实现大学生权利的重要途径，也是维护高校正常运行的基本要求。同时，学生的参与还能为校园生活注入活力和繁荣。因此，衡量校园文明水平的重要指标之一是大学生参与校园管理的程度。在高校中，学生会和各种学生组织是最为普遍的学生自治组织，也是学生积极参与学校管理的重要方式。学生会和学生社团在学生群体中有着相当的信誉和影响力，可作为学生代表向学校提出意见和要求，同时也肩负着维护学生权益的责任。它们在高校内扮演着沟通学校与学生之间的桥梁和纽带的重要角色。

高校应积极支持和帮助学生组织，引导学生参与学校基层管理，并为其发挥最大作用创造条件。为了更好地参与学校行政管理，在未来的学生组织发展中，高校应该加强学生组织的政治影响力。学校应该积极地支持学生组织，并且在处理与校园生活相关的问题时，应更加注重听取学生的意见。不仅要关注学校内部的变革，更要着重强调学生组织内部建设的重要性。学生们需要重新审视自己在学校管理中扮演的角色，不再只是做口号喊得响的代表，而是要成为为同学争取实际利益的力量。在工作实践中，行政管理人员需要关注学生的真实需求与想法，并及时向学校反馈，通过与学生沟通交流，积极保障学生权益，为学生参与管理和组织活动提供支持和保障。

在基层管理组织建设的过程中，一个重要的方面是加强党员和大学生队伍的培养和发展。在校党委和校团委的指导下，大学生组织自主开展工作，可以充分发挥作为学生身份的内在优势，积极收集学生的意见和建议，这不仅让学生参与决策，而且还增强了决策的科学性和民主性。高校的角色应该是为大学生组织提供指引和支持，扮演宏观管理的角色；而大学生组织则应该在高校的支持下，敢于创新，勇于实践，充分发挥自己的潜力。大学生组织得到高校引导，可以获得更多行动的机会，并发挥自主性和积极性。

我国高校不仅仅是知识分子的聚集地和文化思想的传播场所，更是新思想、新观念和新意识的起点。我国的高校要紧跟社会发展的步伐，因此，在进行高校管理工作时，需要具备系统性思维能力，以便有力地推进各项相关工作。在进行工作时，需要设定明确的目标，并制订科学可操作的活动计划。这有助于加强我国高校师生的思维选择、独立性和多样化，以满足实际需要。

在学生群体中，学生党支部扮演着领导核心和思想引领者的重要角色。在推进高校管理建设时，应以学生为服务对象，并发挥学生党员的示范引领作用。此外，还要培养学生的各方面技能，涵盖学术、社交、实践等方面，帮助他们在日常生活中能够全面发展。此外，还须重视在党内建立完备的支持和关爱体系，关心和帮助那些经济上困难、心理健康状况不佳或学习成绩较差的同学。当前大学生的就业形势日益严峻，因此学生组织应该充分利用自身的优势，为学生提供有益的就业指导，包括收集和分享就业信息、组织就业讲座、邀请毕业生分享求职经验，以及帮助他们成功获得理想职位等活动。这些因素推动了高校管理工作的改善。

4. 健全工作系统及落实工作责任

高校应该把提升管理效率放在重要位置，并加强党的建设工作，培养学生责任感，积极推行各项措施，以促进行政管理工作的科学化水平提升。要提高行政管理工作质量，一个关键因素就是注重人力资源管理。首先，要提升领导干部的素质水平。高校需要提升各级领导班子建设，以确保能够聘用合适能力、懂得善用人才的领导人员。通过及时地发现和恰当地使用优秀的领导干部，以达到最佳效果。其次，需要提升行政管理人员的素质水平。为了确保高校扩招后行政管理顺利开展，高校需要配备一支数量适宜、素质过硬、综合能力强的专兼职行政管理团队。还需要设立一支网络行政管理工作队伍，其中成员应具备高水平的政治理论素养、熟练的行政管理工作技能以及强大的网络专业技术能力。最后，要提高管理工作质量，有计划、有步骤地做好行政管理工作。

要巩固高校各级组织在行政管理工作实践中的领导地位。在包括建机制、搭体系、制标准、行标准、整体评价和反馈改进等环节在内的高校行政管理工作标准化中，各级组织必须起到统领全局和决策评议的作用。但是在组织架构设计、权责划分的环节中无须增添新岗位、新职务，而是需要让负责高校行政管理工作的领导干部与工作者学习新理论、担负新责任、完成新任务。只有提高高校行政管理工作者对高校行政管理工作标准化的认识水平与实践操作能力，才能够在高校行政管理工作实践中始终坚持领导。

要坚持实事求是，避免形式上的行政管理工作而使得实践脱离管理实际。行政管理工作的本质属性就是追求事物的共同利益，而不是为了标准化而标准化，所以在实践中要坚持上级的领导，避免高校基层行政管理工作的虚化、淡化、边缘化，结合高校实际、坚持实事求是，将行政管理工作与高校中心工作、教学工作深度融合，推动行政管理工作与高校育人工作形成合力，充分发挥行政管理工作在高校全面达成“立德树人”根本任务过程中的引领和保障作用。

要围绕高校行政管理工作核心的制度与内容开展行政管理工作标准化实

践。高校基层组织的领导体现在日常的行政管理工作、管理制度和管理内容上，因此在推动高校行政管理工作的过程中要坚持以高校基层为行政管理工作的基本单位，充分发挥基层组织战斗堡垒作用；强化高校基层行政管理工作，推动理想信念教育日常化、经常化；坚持对行政管理工作进行标准化的创新。

（三）创新高校行政管理目标

1. 用制度保驾护航

要实现目标，必须严格遵守规则。高校的行政管理体制是高校发挥其潜能的必要条件。如果缺乏恰当有效的管理制度，高校教师将难以充分发挥其才能，而学生也无法获得良好的成长与发展。此外，一个健全的体制可以促进人们在科学和技术方面进行创新，一项不良的制度会抑制人们对创新的热情和动力。因此，保证高校行政管理的优化需要确立完备的管理制度，因为这些制度对组织系统内部的行为具有特别重要的影响。

使用照章办事原则时，需要注意以下几点：制定的规章制度必须反映真实情况；要明确规章制度的执行权限范围；确保教师按照既定的规则进行工作，需要像任何其他管理一样，建立一套系统化、科学化、标准化的高校行政管理制度。这些制度应当明确规定教师的岗位职责、考核标准和奖励机制，以确保教师完成教学任务并提高教学质量。为了实现学校的总体目标，需要建立相应的具体衡量标准和操作规范，以规范学生的日常行为、确保学习任务的完成和社会道德价值的实现。高校教师是高水平的知识分子，对高校教师的行政管理工作需要将人性化管理和规范化管理结合起来，以建立一个既能够保障工作规范和机制健全又能够让员工享有自由和谐的工作环境。只有这样，管理制度才能被每个教师所接受，并让他们自发地遵守规则。

建立系统、科学的管理制度是高校行政管理中必不可少的，但这仅仅是开始。制度是必要的，但实施和执行制度才是最关键的。目前，我国各高校都制定了自己的管理制度和战略，但问题在于这些制度和战略的执行力不够坚定，存在落实不到位的情况。抓落实是执行管理的重要方面之一，需要将重点放在实施方面。

2. 倡导服务型高校行政管理

高校的管理应该适应社会发展的总体要求，以人为本，讲求管理的科学性和实践性。单一的上传下达发布命令的管理模式无法在我国社会精神文明高度发展的当今社会环境中生存。倡导服务型的高校行政管理更有益于高校精神发展。服务型高校行政管理模式是以高校校级领导层为核心的局域性公共管理组织，院系组织及高校学生，以有效促进局域公共利益最大化为宗旨，以一种积极主动的姿态，科学民主地运用公共管理权力，依制度制定与执行高校规章、管理高校公共事务，提供公共物品和公共服务，构建高校师生的和谐发展的局域社会治理模式。

这种高校的服务型行政管理模式区别于传统的高校行政管理模式，具有制度性、公共性、回应性和透明性，并以提供公共服务的效率和效能、追求公共目标、实现公共利益最大化作为自身产生、存在和发展的最终目标，能够对高校的师生群体的公共服务需求做出及时回应。同时，该模式还能顺应信息社会条件下的未来高校发展趋势，解决由传统行政管理模式难以为继、信息格局改变、社会力量崛起等外部环境变迁而引起的一系列管理难题，满足高校师生良性发展的需要。因此，在信息社会背景下构建与发展该模式具有重要意义。

3. 延展精细化管理

随着高校教育逐步向大众化方向推进，同时自费读书、自主就业以及多元化的办学方式得到推广，加上市场经济的发展，高校之间的竞争变得日益激烈。在这场竞争中，高校必须竭尽全力争取拥有最优秀的师资、生源和资源。学校的竞争优势取决于其教育质量是否具备优势。要想教学质量有所提升，就必须建立一支高水平、结构合理、具有相对持久性的师资队伍。为了吸引高水平的教师队伍，高校需要改革管理方式，实现教师工作的精细化管理，以提高教学质量。这就需要对现有的教师管理机制进行优化，明确教师的职责，建立科学可行的评估机制和激励机制，以提高教育教学质量。另外，还需要创造一个良好的工作氛围，以满足教师工作的需要。实施精细化管理的目的之一是提高教师的服务工作效能。强调服务是提升教师归属感的有效途径，相较于以往只注重管理的方法，应更加强调以人为本的高校教师管理理念，并重视服务方面的工作。学校应该积极获取并了解教师的需求，并据此制定适用于不同类型教师的考核和激励措施。此外，为了创造和谐的工作和生活环境，学校还应该主动为教师提供各种服务，包括工作、生活和心理方面的支持。

精细化的行政管理不仅体现在对高校教师的管理过程中，对高校学生的管理也是同理。新常态下，高校学生的特征更加复杂多样，学生的学习渠道也更加多元化，每个学生几乎都是一个新的类型个体。针对这些具有一定社会性的学生，还要看到他们在建立社会价值观、人生观时的不稳定性和踌躇性，这就要求高校在对这些学生进行管理时，更加突出精细化，对不同意识形态的学生要进行不同的引导管理，这样才能有效地完善高校学生管理。

4. 运用信息化手段

目前，各大高校正在积极推进教学信息化建设，已经建设了学生信息管理、教务管理等多种信息系统。高校教学管理工作日益注重运用信息技术和网络技术，这是高校教育工作不断发展的必然趋势。因此，将网络技术和信息技术与教学评价工作紧密结合，可以提高传统教学质量评价的水平，解决传统评价中效率低下、反应速度慢、耗费大量人力物力等问题。高校可以创设一套信息化的教师管理评估制度，修补当前教学评鉴方面的缺点，提高教学评价工作效率，确保教学评价的透明、客观与公正，提升学校教学质量评估水平，推进学校教学管理工作的升级。

建设高等教育师资评价系统能够弥补我国高校现有教师评价标准的不足，并具有一定的理论指导意义。除此之外，该系统还能够解决当前教学评价过程中人工处理不足的难题，进而提高评价工作效率，确保评价公开、公正、公平。推行这种做法有助于提高学校教学水平和质量、增强学校教学管理的能力。

参 考 文 献

[1] 赵诗安，陈国庆．现代教育理念 [M]．南昌：江西高校出版社，2007．

[2] 单林波．高校教育管理体系构建研究 [M]．北京：首都师范大学出版社，2022．

[3] 丁兵．当代高校教育管理研究 [M]．西安：西北工业大学出版社，2018．

[4] 卢保娣．大数据时代高校教育管理及其信息化建设 [M]．长春：吉林大学出版社，2021．

[5] 洪剑锋，屈先蓉，杨芳．互联网时代下高校教育管理与评价创新 [M]．延吉：延边大学出版社，2021．

[6] 刘思延，张潍纤，郑莹．高校教育教学管理实践与创新发展 [M]．哈尔滨：哈尔滨出版社，2021．

[7] 姚丹，孙洪波．高校教育信息化管理与学生管理工作 [M]．北京：中国纺织出版社，2021．

[8] 梁丽肖．教育信息化背景下高校管理机制探究 [M]．长春：吉林人民出版社，2021．

[9] 刘萍萍，何莹．现代高校教育教学管理现状与创新发展 [M]．北京：中国原子能出版社，2022．

[10] 贾心宇．“互联网 +”背景下高校教育管理模式的变革与创新 [J]．湖北开放职业学院学报，2023，36（14）：35−37．

[11] 曾国阳．高校教育管理信息化现状与优化策略分析 [J]．办公室业务，2023（14）：93−95．

[12] 于浩．基于大数据背景下的高校教育管理研究 [J]．湖北开放职业学院学

报，2023，36（13）：152-153，159.
[13] 唐亚丽. 创新教育理念下高校教育管理的渗透思考[J]. 山西青年，2023（13）：169-171.
[14] 刁溯. 教育心理学背景下高校教育管理体制的改进及创新对策[J]. 佳木斯职业学院学报，2023，39（7）：136-138.
[15] 王社国. 高校教学管理信息化体系的构建：评《大数据时代高校教育管理及其信息化建设》[J]. 中国科技论文，2023，18（6）：717.
[16] 胡艳玲，林中翔，胡玲，等. 高校行政管理人员综合能力提升路径实践与探索[J]. 现代商贸工业，2023，44（10）：123-125.
[17] 冯微红. 高校行政管理人才队伍建设的思考[J]. 人才资源开发，2023(7)：16-18.
[18] 杨春林. 高校教师管理和师资队伍建设现状及发展对策[J]. 湖北开放职业学院学报，2022，35（2）：19-20.
[19] 隋文家，全津廷. 论加强高校教师管理工作的几个问题[J]. 读与写（教育教学刊），2019，16（12）：41-42.
[20] 林雨. "互联网+"背景下地方高校学生教育管理新模式研究[D]. 株洲：湖南工业大学，2021.
[21] 黄海嫚. 普通高校行政管理效能问题研究[D]. 南宁：南宁师范大学，2019.
[22] 杨璐萍. 高校学生教育管理行为行政诉讼审查制度若干思考[D]. 呼和浩特：内蒙古大学，2019.
[23] 冯瑶. 我国高校行政管理存在的问题及对策研究[D]. 长春：吉林财经大学，2018.
[24] 陆瑶. 我国高校行政管理的现状与改革探索[D]. 长春：吉林财经大学，2015.
[25] 秦中华. 浅探高校行政管理与大学生思想政治教育的结合[D]. 太原：山西财经大学，2012.

[26] 刘爱萍．高校教师管理人本化研究 [D]．长沙：湖南大学，2010．

[27] 王丹．我国民办高校教育管理问题研究 [D]．上海：复旦大学，2010．

[28] 于飞．我国高校思想政治教育管理现代化研究 [D]．无锡：江南大学，2009．

[29] 汪贤泽．高校课程管理体制研究 [D]．金华：浙江师范大学，2002．